Ryuho Okawa
大川隆法

不動心

跨越人生苦難的方法

台灣幸福科學出版有限公司

目錄 | Contents

第三章 與苦惱的對決——65

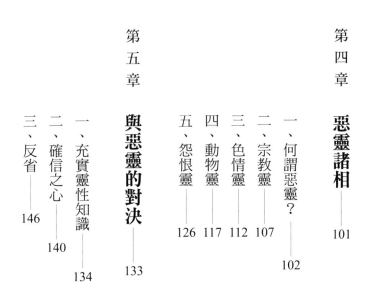

前言

本著作《不動心》以靈性世界觀為根基，講述了構築崇高人格的理論與方法。

「不動心」非一朝一夕就能完成，就像一座冰山，首先需要在海面下構築一個堅固的自己，以此為根本。對此，於第二章「積蓄的原理」中做了具體的闡述。

此外，還講述了「不動心」之施展──「與苦惱的對決」（第三章），並針對人生苦惱的背景，揭示了「惡靈諸相」（第四章），以及在「與惡靈的對決」（第五章）中透過各方面的分析，說明了具體的對策。

對於追求佛法真理，並依佛法真理而活的人，我祈求本書能成為這些人們暗夜中的燈塔、引導之光。

一九九七年六月

幸福科學集團創立者兼總裁　大川隆法

第一章

人生的冰山

一、人生基礎

在本書中我想針對「跨越人生苦難之法」，由各個不同的角度加以闡述，而貫穿全書的主題就是「不動心」。

首先，我們試著思索一下人生的基礎。

不管做任何事，歸根究柢，其關鍵在於是否打好了基礎。這一點不論對個人，還是對公司等組織都適用。若基礎不穩，個人或公司便會弱不禁風，在工作上同樣也是如此，這說明基礎在人生中非常重要。

比方說，學校教育為何不可或缺？總而言之，我想還是為了打好人生的根基。

對學校教育持否定態度的某些人，總是叫嚷：「學那麼多東西有什麼用？自己想學什麼，就讓他們學就好了啊！」然而，探究各種學問，肯定會有助於打好人生的基礎，這一點是無法否認的事實。

人們要面對林林總總的事物，對其進行判斷或採取行動，在根本上即是要有進行這種判斷或採取行動的資源、原動力或基礎。從這層意義上說，若沒有任何累積，人將無法做出判斷或採取行動。

拿烹飪來說也是如此，主婦之所以能每天不斷地燒出各種飯菜，肯定少不了應對的基礎。正是因為對料理有一定的瞭解，心中藏有數十種甚至一、兩百種的食譜，有了這樣的本事，才能做好一日三餐。

另外若想駕馭好汽車，則必須熟悉為數眾多的交通法規，以及應付各種狀況的方法。知道「上坡怎麼開」、「對面來車時該如何會車」和「下雨天或夜間要怎麼應付」等等，這些都將成為判斷的基礎。

然而，若對交通法規一無所知，就搞不清與對面來車的關係，弄不懂到底該向左或向右拐彎，若已熟悉交通法規，就會採取正確的行動。

因此，人生中的「基礎」比什麼都重要。基礎愈厚實、愈牢固，此人的判斷和行動，愈會顯露出紮實感。

我們應不時檢視自己目前的樣子，仔細思索「自己是否每天都在為打好人生基礎而努力」。基礎若不紮實，則會四處碰壁、寸步難行。

然而，並非僅於孩童時代打好基礎便可一勞永逸，成人之後，一樣也要孜孜不倦地厚植基礎，這一點非常重要。

樹木默默地從根部綿延不斷地吸收水和養分，這正是它能夠長大成才的緣由所在。就算是參天大樹，若有一星期停止了吸收水和養分，它肯定會枯死的。

即使是有幾百年樹齡的大樹，也要一刻不停地由根部吸收水和養分。人的情形也相同，不能說「因為自己已長成『大樹』，所以就再也不需要水或養分了」。每天都要攝取水或養分以穩固基礎，這一點非常重要。

只要有可能，人們總是一個勁兒地發散精力。但是，這種忘掉吸收的「散發」是容易令人感到疲勞的。

這一點也適用於上班族。拿藥劑師來說，一位不斷增加新藥相關知識的人，與一個大學畢業後，就幾乎從未留意任何新知識的人之間，其差距顯而易見。

即使是上班族，若僅僅完成分內工作的人，與經常接觸新的經濟訊息、好學不倦的人，不久之後即會有雲泥之差吧！

在研究員等職業中，這種事尤為多見。若是每天反覆堅持實驗、經常朝著更高的目標努力，不久之後，此人就能在技術上開發出豐碩的成果吧！

醫生也不例外。若能不斷地充實各種新知識，並且善解病人的苦惱，終究有那麼一天，他會成為眾人皆知的名醫。

綜上所述，重要的不是「一旦打好基礎就諸事大吉了」，而是需要持有著「每天仍堅持打好人生基礎」的態度。即使目前不能馬上派上用場，但打好三年、五年或十年後派得上用場的基礎，是勝過一切的重要事情。

二、冰山姿態

打好人生基礎的觀點，換言之，也可說是穩住漂浮在海洋中的冰山姿態。

冰山露在水面上的部分，只不過是整體的一成或兩成，海面之下，還有著非常巨大的冰塊。即使外表看來很小的冰山，其水面下的部分卻大得出奇。

這種冰山之類的自然物體，為了在水面上保持安定，竟也採用了不倒翁式的穩定姿態。

難道各位讀者沒有學習或模仿這種冰山姿態的必要嗎？

若有必要，那麼要向冰山的姿態學習什麼呢？那就是要學它的安定感。

冰山並未將所有的一切都暴露在水面上，它必定有著水面下的部分。水面下的部分以與其排水量相等的力量，反作用於冰山上成為浮力，進而支撐著冰山。

同樣的，我們的人生中在水面下的部分愈大，與排水量相等的浮力將愈能發揮作用。

這水面下的部分，即是世人所看不見的部分。不管什麼人，都有一個他人看得見的自己，和一個他人看不見的自己。因此在一般情況下，他人看不見的自己，遠比他人看得見的自己超出很多的人，就稱作「人格成熟者」。

任誰都能一眼看透的人，不能說他是成熟的人物。只有像氧化的銀器內層一樣地光芒奕奕，內涵深奧，這才是偉大人物的姿態。

總之，做為人來說，究竟要成熟到什麼地步？其關鍵在於水面下的部分、基礎部分到底有多大，水面上雖然僅僅露出一丁點兒，但若水面下有巨大實體的人，就會有安定感。

在打好人生基礎時，有必要牢記一句話：「學好冰山的姿態！」

三、迎風破浪

冰山的特徵，總歸來說就是要在面對各式各樣的風浪時，都能穩如泰山。

冰山並非立基於陸地，而是在海面上漂浮，但它卻像陸地一般地巍然屹立。在其上行走時文風不動，像航空母艦一般，這難道不是忍受人生風浪的祕訣所在嗎？

也就是說，在人生的基礎部分、根底部分有著巨大積蓄的人，即使遇到非難和攻擊，也能泰然自若，面對苦惱和挫折也能安然處之。

常言道：「青春期的人愛讀小說。」這是因為透過閱讀小說，可以學習或預習自己未曾經歷過的人生。這一點意義重大。

人不能改變自己的出身和生長的環境，而且在人生途中將會遇見的人，數量也極為有限。一般情況下，或許只能在一小撮人群裡，演繹著驚喜、悲哀和痛苦。

然而人卻可以藉著小說，了解與自己處境完全不同的人，看看他們是如何生活的。然後在不知不覺中，將自己與主角進行對照，從而對人生產生更為深刻的認識。

像這樣，即便只是透過閱讀小說也可以豐富人生的智慧。在主角遭遇各種苦惱和克服這些苦惱的情節中，對照自己的現狀，並覺察到：「自己也要像主角一樣，努力地克服目前的苦惱。」

人生中的各種苦惱，幾乎沒有不被拿來當成小說主題的。一般的人多半是被考試、就業、結婚或生病等問題纏身而感到痛苦不堪。因此，這些苦惱大部分都已被優秀的作家寫成了小說。

如果有心學習這些，就有如站在比自己看得更高之人的肩膀上，這將有助於解決自己人生中的各種難題。

自己之所以苦惱的原因，若能從一位比自己更深知人生之人的角度來看，有時馬上就豁然開朗。因此僅僅憑藉一本書的啟發，有些問題有可能就會迎刃而解，而不必經受長年的苦惱折磨。

不只是小說，就算是從歷史書籍中照樣也能有所學習。

當然，在過去是不會有人經歷過與目前的自己完全相同的人生，雖說境遇（狀況）各不相同，但是處於同樣立場的人卻為數不少。了解這些人是如何克服人生難關的故事，便可學習到解決人生中各種疑難的方法。

向歷史上的人物學習時，其對象常是五花八門的。譬如，織田信長，他充滿熱情、非常活躍，判斷和行動能力如快刀斬亂麻一般。又比方說豐臣秀吉，他才智橫溢、機智靈活的思考方式，以及縱橫無盡的豐功偉業，一定可從中學到某些事物吧！

此外，還可學習德川家康的智慧。他創建的幕藩制度能夠維持近三百年的歲月，其背後一定有著對人類及對社會結構的英明睿智。透過學習德川家康的這種管理技巧，也可了解經營、維持公司的方法。

除了小說或歷史書籍之外，還有在痛苦和悲傷時，能給人撫慰的東西，那就是優秀詩人們所寫的詩。

當我們接觸到扣人心弦的詩歌時，會感到「有人在詠嘆著自己目前的狀況、有人在述說著與自己一樣的心情」，心胸因此會舒坦許多。優秀的詩人，會以透澈的眼光看待人生，憑藉這些詩詞可以撫慰人們的心。

繪畫也一樣，凝視美麗的畫面，能給我們的心帶來不少的欣慰。即使在咖啡店裡品嚐一杯咖啡，店裡所懸掛的一幅美麗的壁畫，多少也能讓我們感受到作者豐富的情感。人們受到傷害的心，可以藉此藝術品而獲得一些療癒。

此外，還有優美的音樂。欣賞名曲，能讓作曲家的心靈高級波動和己心的波動產生共鳴，讓我們的心進入一個非常安寧的世界。

此外，還有從宗教見地出發的解決方法。當小說、歷史書籍或藝術都無法解決的時候，過去偉大的聖人或宗教家的名言，也有可能成為人生的指標。思考這些偉人的名言，也可幫助自己弄清楚問題到底何在。

自古以來，不管是釋尊，還是基督，抑或是孔子，都是偉大的人生導師。他們之所以能夠成為人生的導師，就是因為他們以其卓越超群的才能，看透人生的各種難題，並開出了解決這些病癥的處方。

因此，當苦惱在自己心中團團轉的時候，透過接觸偉大指導者的思想，有時候苦惱自會冰釋消融。

本書正是由如此見地出發撰寫而成，對於心中常常猶豫不安、充滿苦惱、七上八下的人，我想寫一本能夠拯救這些人的書，這本書就是在這樣的心情下寫出來的。

在本書中，哪怕只有一行文字能夠寬慰讀者們的心，成為各位精神的支柱，我也就感到心滿意足了。

在此，我想要表達的思想，歸納如下：

透過學習卓越的偉人或藝術家等優秀人才的睿智，將其變為自己人生海面之下的部分，這將有助於承受人生的風浪。

所以，請做好能夠承受大風大浪的積蓄，必須明白「不管海面上有多大的風暴來襲，都應該確保風浪無法攻擊水面下的部分」。

四、巨大的安定感

冰山這種自然現象值得人們學習的地方，就是其巨大的安定感。

人生的苦惱，似乎大部分的原因都來自於缺乏安定感。

迄今在所能遇見的人當中，各位認為什麼樣的人才算了不起？什麼樣的人才算得上是大人物呢？什麼樣的人才稱得上是偉人呢？

一個心中常常猶豫不決的人，你認為他很偉大嗎？一會兒發怒、一會兒哭、一會兒笑，一天之中心情變化無常的人，你會認為他很了不起嗎？你難道不會產生「不想變成那種人」的想法嗎？

各位認為理想的人，是能夠讓人產生「想成為那樣的人、想接近那種人」的感覺。那種人的共通之處就在於「生活態度裡有一種安定感」。

成為領導者的祕訣就在此。一個領導者之所以能成為領導者，就是因為此人有當領導者的資質，即是有一種安定感。這種安定感不只是像在鐵軌上行走一般的安定感，而且是「不管遇到什麼樣的風浪，都不會動搖」的安定感。

培養這種安定感的方法之一，就是如上所述的「累積睿智」，即「過去的人，曾在什麼樣的時刻？遇到過什麼樣的情況？又是如何解決的？」累積與此相關的睿智，然後靈活應用，以解決眼前的問題。

此刻，「從更高的觀點來觀察事物」是非常重要的。

每天的情緒之所以七上八下，是因為陷於一種「自己所面對的問題與自己正打得難分難捨、不分勝負」的狀況之中。因為正處於「自己到底將成為人生的勝者？或是敗者？這場『相撲』尚未結束，勝負還難分」的狀況之中，所以才猶豫不決。

與「橫綱」或「大關」進行相撲比賽，各位有把握能獲勝嗎？除非發生意外，普通的人想與專業力士較量相撲，確實是異想天開。大多數的情況下，不是輕而易舉的被扛出擂臺，就是一下子便決出勝負，因為實力相差太大了。

專業力士每天「舉腳踏地」，登擂臺練習相撲，所以肌肉逐漸發達，重量感加強，速度也提高了，也變得特別強壯。

普通的人若面對這樣的人，心中無法湧現克敵致勝的勇氣。由於，心中早已氣餒，故會比預料中更早地敗下陣來。

與人生的各種問題對抗時，道理也相同。當自己缺乏自信時，有時會將對手看成是力大無比的壞蛋或是大惡棍，以為遇到了不得了的大難題。在大力士面前，有些人會忍不住地手腳發抖。

然而，若把自己想像為「橫綱」或「大關」時，有時問題會變得意外地簡單、好解決，大家必須知道，這種可能性是存在的。

關鍵就是在為如何解決問題而苦惱之前，首先不妨先變成一個能夠將問題一口吞掉的橫綱。如此一來，解決小小的負擔與問題就輕而易舉了。即使是普通人背負起來難行十步的重物，專業力士們只需一隻手夾起，便可健步如飛，其道理是一樣的。

人們只要繼續鍛鍊自身，終究能夠成為一個巨人。

對於肉體，雖然可以加以鍛鍊，但其可塑程度卻有限。在百米賽跑中，即使是最快的人也要十秒左右，即使是再慢的人只要二十秒鐘，也就差不多能夠跑完了。這樣看來，肉體方面的能力差距頂多不過兩倍左右。

然而，在精神能力方面，偉人與凡人之差卻大得驚人。譬如說，蘇格拉底與一般的人，其智力之差，簡直可以說判若雲泥。佛陀的睿智與一般的僧侶之間，更有著天淵之別。

人的精神愈是鍛鍊，將會愈加強大愈加光芒萬丈，而且是沒有止盡的。肉體的力量有其一定的限度，但在精神力量方面，其能力可以發展到他人的幾千倍，甚至幾萬倍。

假若是精神巨人，即使面對自己目前正感到棘手的「人生生死存亡之大問題」，也將變得非常易於解決。

此外，遇到難以對付的大難題時，換一個觀點思考也是很重要的：「若是換了別人，這個問題又會怎樣解決呢？」

假使是基督徒，可從下列觀點來考慮：「如果是耶穌．基督的話，他會怎麼做？他又將如何考慮呢？」

比方說，某人終日悶悶不樂：「有一個人，我怎麼也無法原諒他。一想起這個人，就恨之入骨，難以入眠。」面對這樣的人，請你暫且拋開自己的立場，換一個角度想想：「若是耶穌．基督，他會怎麼想呢？他會說些什麼呢？」

或者，如果此人是佛教徒的話，他應該試著想一想：「假設是佛陀，他對這個問題會說些什麼呢？他會如何解決呢？」另外，也可從另一個角度來想：「若是孔子，他會怎麼看呢」、「如果是蘇格拉底，他又會如何呢」運用這些觀點，是非常重要的。

如同這般，借用偉人們的智慧，對事物進行判斷和處理，是很重要的方法。

這類事情，在公司裡也是司空見慣的。對於一般職員感到焦頭爛額、不知如何是好的問題，科長卻可能會找到解決問題的線索，部長可能會從較高的角度作出判斷。經理也可能會從更高的角度加以審視，而董事長則可作出最後的決斷。如此，高一級的領導者是可以作出更高度的判斷的。

也就是說，為了產生巨大的安定感，必須要有更高的精神能力和精神上的儲備，這是安定感的源泉。

因此，自己若想成為精神上的巨人，對於人生途中所遇到的問題，不能只顧招架，更重要的是應該從中吸取教訓。

這樣吸取的教訓，將在下一次較量中發揮作用。頭一回感到非常棘手的問題，若有過交手的經驗，那麼，下一次就會非常容易對付。

為此，不能僅是做一天和尚撞一天鐘，而是要採取「從每天的事件或問題中，學習偉大的教訓」，這種態度非常的重要。這樣的教訓，才是人生的學習材料，它將成為學校沒有教給我們的大睿智之基礎。

「一個人的心中記取了多少教訓？而且，這些教訓的含金量如何？」將與此人的認識力和判斷力有關。

從這個觀點來看，累積了多彩豐富人生經驗的人、嚐盡苦頭的人、失敗不斷的人、多災多難的人、難題成山的人，可以說他們正在經驗這麼多的習題並學習到教訓。不能渾渾噩噩過日子，因為我們得到這麼多的習題，並且正在力圖解決它們，沒有比這更值得慶幸的事了。

當自己碰到問題，處於苦惱的漩渦之中時，不能只是單純地思索要如何從這些苦惱中解脫出來，應該弄明白「這個苦惱正在教給自己什麼呢？給了自己什麼教訓？」這將成為解決問題的良策。

萬事萬物都是有意義的，應該仔細探究其意義所在。

五、堅忍不拔的意志

在本章結束之前，我想講述一下「堅忍不拔的意志」。前一節談到了安定感的基礎，這種安定感不能是暫時的，必須知道，若採取「朝夕不倦」的態度，將會出現巨大的安定感。

比方說南極觀測船，破冰前進時行走得很順利，一旦停止，則會與冰層凍結在一起，因而無法動彈。

同樣，在人生中，為了避免陷於無法動彈的境地，必須不停地向前行。天天學習教訓，不斷地進步，假若能夠得到一個教訓，自己的體力便會得到相應的增強，維持這樣的心境，是件大好事。

安定感不能是暫時的，應該要有一種無論發生任何事情都能應付自如的安定感，為此，「不斷前進，孜孜不倦」的意志非常重要。

對於一個以發展向上、不斷前進為目標的人來說，人生的苦惱彷彿朝陽下的雨露，馬上就會溶解消散。隨著太陽的昇起，露水便會漸漸蒸發了。

首先，是讓太陽冉冉昇起，毫不停息、毫無懈怠，努力使心中的太陽昇起，這樣，寬廣的大道將展現在你眼前。

總而言之，人生中需加強穩固基礎的部分，一圈兩圈地增大，不斷成長。若能維持這樣的姿態，寬廣的發展之道、通向偉大人格者的大道，定將展現在你的面前。

第二章

積蓄的原理

一、一天的意義

我想在本章中闡明「為鞏固人生的冰山，積蓄是何等重要？」在這之前，讓我們來想想「一天」。

雖然我們開口就能說出人生這個詞，但它畢竟是個一天一天的連續體，由每日累積所構成。關於一天的說法，古往今來，眾說紛紜。既有「一日一生」的名句，也有耶穌「一天的難處一天當就夠了」的至理名言。

要決定此人是怎樣的一種人，度過了什麼樣的人生，最終還是與此人怎樣活用每一天、如何度過每一天是分不開的。

人不能借用明天的時間，也無法挪用昨天的時間。針對未來，雖說能夠展開無限美好的夢想，卻無法自由地支配未來的時間。另外，雖然我們可以反省過去，學習教訓，但對於過去的時間，卻完全無能為力。能夠自由支配的時間，除了現在，別無其他。

從這層意義上說，一天有著非常關鍵的意義。人遲早要離開人世，有的人上天堂，有的人下地獄，其差別，最終就在於一天一天如何的累積。

一個人死後，將走向怎樣的世界，是由一天一天如何生活的總帳來決定，所以，每一天都不能疏忽大意。

那麼，每一天生活中的課題，無非在於一點，也就是「如何控制和提高每一天的品質」。

一天的長度無法改變，一天的時間也不能延長，一天只有二十四小時。然而，我們卻可改變一天的品質。

從某種意義上可以說，科學技術為改變一天的品質，做出了極大的貢獻。過去需要幾天才能算完的計算工作，如今利用電腦運算，只需一會兒，便可大功告成。從縮短時間的意義上看，這些技術可以說為提高一天的品質做出了貢獻。

因此，我們無法否認由於技術的發達，使我們每一天的生活「密度」增加了。除此之外，從精神上、從心的狀態這個觀點來看，還改變了每一天的品質。

大多數人，每天都有著某種苦惱或痛苦，而悶悶不樂地活著，如何解決這種苦惱和痛苦，將與此人的人生密切相關。心境較高的人，有可能一刀便將苦惱和痛苦連根斬斷。

比方，對於一個每天心如止水、努力修行的人來說，不管世上發生什麼事，他都能泰然處之，心就像行雲流水一般順暢。

然而，身處繁忙漩渦中的人，則有如失去自我一般，被種種苦惱纏身。

譬如，做股票買賣的人，有時會把每天、每時、每分鐘股票價格的變動，錯以為是人生的一切。因此，當股票暴跌時，便會覺得痛不欲生。

但是，相反的，修行者卻沈穩鎮靜地進行冥想。

這樣的不同，不能不說是心的問題。

在公司中，「某某某比自己晉升得更快」、「因工作大意而受到上司的訓斥」、「利潤未達到預期的設定」等，都是苦惱的根源吧。但是從心境更加清淨的人來看，這些事情根本沒什麼大不了的。

就像這樣，每天占據內心的大多數問題，若從較高的境界來看，有時會很容易地得到解決。能夠進行高度判斷的人，只需三分鐘便可解決的問題，另一個人則可能需絞盡腦汁花上一星期的時間，甚至一個月。若如此，這件事就會給此人的人生，帶來負面的不利影響。

每一天都很珍貴，對於懷抱著怎樣的心度過每一天，應該做更多的思量。一天的長度不能增加，卻可以改善一天的品質。

因此，各位應該多多思量一下：「改變自己一天的品質，應該做出多大的努力？怎樣努力才能改變一天的品質？將人生變成黃金的魔術在哪裡？如何才能讓自己的每一天發出如黃金般的光亮？」

二、學習的態度

在思索每一天的意義時，不得不去檢討如何才能改變一天的品質。在此要探討的是「學習的態度」。

首先，必須進行知識層面的學習。

正如前一章所述，理解人生的關鍵在於掌握偉人們的思想。透過學習這些偉人的思想、哲學書籍和文學書籍，使心提升到更高的境地，從而能輕而易舉地解決人生的問題。

為了獲得這種更高的認識力，知識的積蓄遠遠勝過一切。

為什麼必須有較高的認識力呢？這是因為獲得較高的認識力，就如同人類的靈格得到相對應的提升一樣。

人的偉大，說穿了，體現於認識力上。究竟能夠從怎樣高度的見地出發，或者從怎樣廣闊的見地出發，來觀察人類或世間的一切，就能看出此人偉大的程度。

譬如，就算是沒人教就無法掌握的事情，若能透過事先蒐集各種基礎常識和知識，有時便可能順利地弄個水落石出了。

另外，人生容易遭到誤解，而誤解的原因，大多不外是無法理解對方的心，或者是搞不懂「為何這樣的事情偏偏會落到自己身上」，但是有時候又因為沒有那麼多的時間，去聆聽對方的說明，或者只是單純地彼此會錯了意，因而產生了誤解。

然而，透過了解各種不同人的成長背景和思考方式，便會漸漸地明白「自己為何處於如此的立場」。

總之，知識的積蓄將會在了解自身、善解人意、探知世界，即理解佛所創造的世界方面，成為一種非常巨大的力量。

那麼，透過了解自己、他人和世界，將會得到什麼呢？那就是「幸福感」。「知」是一種喜悅，隨著知識範圍的擴大，自己的世界也會相對地擴大。

比方說，恐怕沒有人「想讓自己變成一隻螞蟻」吧！為什麼呢？歸根究柢，我想這還是一個世界觀的問題。

螞蟻所持有的世界觀，與人類所持有的世界觀，可說是天壤之別。人所考慮的事情，螞蟻是無法想像和認知的。不正因為有了這種差異，人才會總是做人該做的美夢，而不會想變成一隻螞蟻嗎？

如此看來，知識也是一種巨大的幸福源泉。

此外，並非從知識當中學習才重要，從經驗當中學習的態度也很重要。這就要樹立一種「在日常事物中，必定有豐富自己人生的東西」的觀點來度過每一天。

在人生的大風大浪中，人們總是想「自己為何會處於這樣的苦惱和災難之中？」然而，事實上苦難當中必定存有某種學習的材料。而且，這些過程都將累積變成人生的磐石，這也是事實。

各位都在祈求每一天平平安安、泰然無事。但是，當人生的帷幕逐漸合攏，在你回首自己的一生時，假使整個人生旅途中，完全都風調雨順、平平淡淡，你會感到滿足嗎？你會覺得「這是光榮的一生」，死而無憾嗎？

實際上，只有當你在波濤萬丈之中破浪前進時，才會增加靈魂的光芒和喜悅。在與苦難和困難抗爭之時，雖然伴隨著恐懼，卻可品嚐到其中的各種滋味。因此，光也才會一圈一圈地增大。

我絲毫沒有對苦難或困難加以禮讚的意思。但是，不可忽略的是苦難或困難當中，確實有著助人成長的因素，這也是事實。

平凡地度過每一天，人將無法成長，而被苦惱纏得痛不欲生時，若能克服這種苦惱，便會產生極大的自信。

被稱為聖賢者，其生活的祕訣，我想就在於他們有一種「不管經歷過何種考驗、遇到怎樣的人，我都要從他們那裡，如饑似渴地有所學習」的態度。

僅從某一方面來看，比任何聖人都還要優秀的人，世上數不勝數。孔子是位了不起的聖人，但是肯定有人可以表現出孔子所不能做到的優秀技藝。

即使是惡人，也有值得學習的材料。即便是被稱為惡人的人當中，也有非常關心他人的人。

人生就像這樣，它取決於「你從經驗中到底學到了多少」，這就是佛安排給我們的習題。

人生愈是變化萬千、愈是起伏不定，可以學習的材料就愈多。從中到底能夠學到多少、發現多少則是每一個人的課題。

在此節的最後，我想特別強調的是：「在學習的態度上，應該更加、更加地如饑似渴」、「應塑造出一個自豪於在一天中能學習到許多事物的自己。」

記筆記自然不錯，但不能僅僅當成是記事簿。一天之中自己究竟學到、吸收了多少，才是關鍵。

與其一天什麼也不做而虛度年華，還不如積極地接受痛苦或困難的考驗。因為這對靈魂來講，反倒會成為一種食糧。從靈魂食糧這個觀點來看，可以說在人生中是沒有所謂白白浪費的東西。

三、積蓄的效果

我們探討了每天的意義和學習的姿態，下面將要講述的是「積蓄的效果」。

在這十多年的時間裡，我寫了三百本以上的書。（二〇二〇年七月為止，著作已超過二千七百本）人們常常驚嘆：「怎麼能一下子寫這麼多的書！」

若在積蓄不多的情況下，要想寫出這麼多的書，對一般的人來說，肯定會黔驢技窮。但是我卻不一樣，我的題材並沒有寫盡，源泉沒有枯竭。為什麼呢？這是因為進大於出，因為充電超過了放電。有的人只顧放電，卻很少充電，這樣的人肯定不了解「放電量不能超過充電量」的原則。

因此，增加積蓄的思考方式很重要。

這不僅限於精神和知識方面，在經濟方面也是一樣。在家庭收支方面，支出是不能超過總收入的。為了維持家庭開支，必須要有積蓄，若沒有積蓄，支出便不能超過收入。

因此，賢明的人應該如何安排呢？那就是在收入的範圍內進行支出，並且將收入的一部分儲蓄起來，這才是賢明的生活態度。

現在已進入信用卡的時代，年輕人享受到「信用卡文明」之恩惠的人為數不少吧！相對於用現金支付，購買只能望洋興嘆的電器產品或小汽車等，熱衷於使用信用卡，則可提早享用的人，好像為數不少。

我承認信用卡的確很方便，但是不能將其作為人生理財的基礎。

「依靠未來的收入，並且提前花光這些錢」，這樣的想法是負面思想、地獄的思想，它是不符合佛法真理的。在收入的範圍內生活，並在這種生活中有所儲蓄的踏實生活方式，才是佛所提倡的。

據說，在美國無法控制自己欲望的人，正在興起消滅信用卡的運動。而且，為了讓那些自己無法丟掉信用卡的人得以從困境解脫，甚至出現了一種「幫助將信用卡粉碎丟掉」的職業。

由於有了大量的信用卡，容易造成過度使用，因此不久就會變成欠債的火球。為了償還這些欠債，然後又去借貸……。

因此，請各位一定要在收入的範圍內生活，並為將來儲蓄，而且要維持這樣的生活態度。

對於靈魂來說道理也相同。只要有可能，即使實力不足的人，也想比他人更偉大一些，追求頭銜或地位。為什麼說這樣不好呢？因為一個沒有累積相當實力的人，若想去領導他人，就如同用信用卡提前透支一樣。

即便所有的人都想「做一下總經理威風威風」，這也是不行的。為什麼呢？因為假若是有實力的人當上了總經理，即會給許多人帶來恩惠；而沒有積蓄實力的人，若坐上總經理這個位置，就會枉費這個職位，給眾人們帶來苦難。

事先被吹捧得神乎其技的演員或體育選手也是一樣，若人氣與此人的實力相當，是件好事。若人氣很高，而實力不足，這種人將會令人大失所望。

終究還是要實至名歸的好，人氣也要名符其實。若想獲得大於實力以上的人氣，肯定會出現不切實際的現象。

因此，為了獲得人生的勝利，積蓄實力的確不容等閒視之。這種積蓄即使今世用不著，即使今世得不到賞識，它也會變成財富而儲蓄在天國的倉庫中。

也就是說，人生中所學到的一切，也許在工作或家庭生活中發揮不了作用，但是卻存在著一個事實，即「所學到的一切都不會白費」。

各位在高中時代都學過物理、化學和地理吧！各位或許會想，這些對將來有什麼用呢？然而，了解這些將有助於使各位的認識力保持平衡。

這也可借「無用之用」這個詞來表達。

不管是多麼巨大無比的橋，一個人行走所需的寬度，頂多不過二十到三十公分。

只要有這樣的寬度，就足以讓人在橋上行走。

那麼，橋的剩餘部分不就白費了嗎？其實不然。在湍急的河流上，若架設一座寬僅三十公分的圓木橋，一般的人必將望而卻步，會因心生恐懼而寸步難行。

走鋼絲繩索也是一樣，若將鋼索放在地面上行走，誰都走得過去。但是，當我們看見鋼絲架在屋頂之間，以及在上面行走自如的人時，便會感嘆：「居然連這樣的事情也能做到！」

像這樣，即使是實際上看來應用不到的部分，正因為有了那部分，才能使自己躲避各種風險，並因此而心安神寧，這就叫「無用之用」。因此，從這「無用之用」的部分——即積蓄部分的厚薄，便可掂量出此人的實力。

積蓄實力不多的人稍有風吹草動便會驚慌失措。而另一方面，積蓄豐厚、內心具有絕對自信的人，即使遇到些許的責難或挫折，內心也會穩如泰山。因此，增加這樣的積蓄、鞏固冰山水面以下的部分，就顯得格外重要。

而且，積蓄還有意想不到的效果。這就是在意想不到的時刻，會成為開啟你人生另一條道路的一把金鑰匙。即使目前看來毫無用處的東西，十年或二十年後，就有可能在意想不到的地方，以出乎意料之外的方式開花結果。

自己將來需要什麼，實在難以預測，但即便以為累積了許多徒勞無益的經驗，可能在某個時候，這些經驗卻會發揮意想不到的作用。

我在從事目前的工作之前，曾在綜合貿易公司工作過六年。

在那兒的工作期間，有一個疑問時常在我腦海中盤旋：「這樣的工作，何必要花掉一整天中的大部分時間呢？為何要在與佛法真理或心的問題毫不相干的世界裡，度過一天中的大部分時光呢？」

因而心中曾三番兩次地思忖：「我絕對不是為了做這類事才降生於世的吧！」

在綜合貿易公司裡，我的專長與外幣兌換、國際金融和國內資金有關係，對金錢的流通有充分的了解。但曾發愁地想：「這些事情，與心的世界有何相干呢？」並且對自己當時的生活狀態，腦中曾閃過一絲不安。

然而，這樣的經歷卻在「幸福科學」中發揮了很好的作用，對此，我現在是深有體會。在貿易公司期間所學到的有關人事的調動、組織營運、資金流向、資金的應用等，都在目前的工作中大大地派上用場。

打算在心的方面投入全部力量的人，遇到組織營運或資金運用方面的問題時，想必很多人會意外地感到束手無策。尤其是宗教家，對這些問題一籌莫展的人為數不少吧！由於知識或經驗的不足，造成組織營運不當，進而無法實現本來的意圖或意志，這種事不在少數。

然而，由於我在「無用之用」這部分，在以為與佛法真理關係不大的部分，曾經有竭盡全力工作的階段，所以有一定的實力積蓄。我深深地感到，這種積蓄正以某種形式發揮著作用。

此外，我曾在美國工作過，在貿易公司裡，曾與黑皮膚和白皮膚的美國人、韓國人、中國人、菲律賓人等各個國家的人一起工作過。透過這些經驗，了解了各國人的思考方式及特點，以及他們與自己不同的價值觀。

目前，我之所以會強調真理的多樣性、正確的多樣性，如果追根溯源，我想原因之一，就是我曾在這樣的國際社會中，與思想各不相同的人來往過。

在自己以外的思考方式中，其他合理的想法簡直多不勝數。這種親身體驗，我想與我目前的思考方式的多樣性，是密不可分的。

形形色色的宗教家們都在散佈各種教義，每個人都在宣稱「只有我們的教義才正確」。

然而，我為何能不持這種思考方式，同時還能保持心平氣和呢？就是因為曾經與國籍不同、膚色各異的人們一起工作過，充分吸收了他們的思考方式，並當作「無用之用」而發揮了作用。

就像這樣，人們會在工作中得到鍛鍊。有時認為「從將來的目標來看，或對現在來說，一點用也沒有」的事，不久之後，也許會以某種方式而大放異彩。

所以重要的事情是，即使認為「從自身的自我實現的目標及理想來看，自己目前好像正在走遠路、正在從事毫不相干的工作」，但也要將此時所給予自己的教材加以充分利用。

認真解答目前交給我們的習題集，總有一天將會有用武之地。

雖然我們在學生時代所學過的數學，進入社會後也許沒有發揮多大的用處。然而，所學過的東西，肯定會在某個地方，在此人的人格或教養中發揮一種平衡的作用。

另外，難道小說家只需閱讀文學作品就夠了嗎？答案是否定的。通曉人世間的各種動向，熟知世界，這些將構成小說家創作的素材。為了進行積蓄，對於自己目前不需要的東西、其他各種事物都要多加關心，並持續不斷蒐收集訊息，這一點非常重要。堅忍不拔地蒐集目前不需要、但可以成為某種食糧的訊息，終將有一天會產生極大的效果。

四、意外收穫

前一節我曾講述過「積蓄的效果，終究會獲得意外的收穫」。這種收穫，有的在今世便可實現，有的可能要待來世方能如願。

一些在世上生活看來極其悲慘的人，離開人世，回到靈的世界後，才發現自己的修行已到了很高的境地，這種人多不勝數。或者，在這個世界默默無聞的人，回到靈界後卻意外地發現竟已升到崇高的境地。

耶穌的母親瑪麗亞，生前也談不上多有涵養。做為一個木工的妻子，她心地善良，一生平平淡淡。看待耶穌，她也難以有對待救世主一樣的認識，只是像對待自己可愛的孩子一般地看顧他。

耶穌活到三十歲時，便開始向人們講述神的道理，曾召集過廣大的眾人，卻反而遭到迫害。

她活著時，一心只想讓自己的孩子過得幸福。終於有一天，當她看見被綁在十字架上的耶穌時，便像發了瘋一樣大聲地哭喊嘶叫。

生前的瑪麗亞就是這樣一個人，她絕對沒有想到自己是一個偉人。當她離開人世，回到實在界時，卻成為全世界最受尊敬的女性之一，現在被稱做聖母瑪麗亞。

剛剛回到天上的瑪麗亞，一時對於形形色色的事情感到有些疑惑，甚至驚奇，然而不久後便回到了本來的位置，回到了被稱做聖母瑪麗亞的高尚優秀的、做為女性高級靈的地位。

目前，她每天都在聽各種人向她訴苦，為了女性、為了家庭、為了孩子、為了全世界的芸芸眾生，不停地工作著。

這樣的人，在人世時，以木工妻子的身分度過了平凡的一生。然而，在這期間她卻度過了真實的一生，絕對沒有想到自己死後會成為一個偉人。她只是對自己的丈夫、孩子或鄰居們，懷有特別善良的心，並過著信仰的生活。

儘管她與這個世界的地位或者名譽完全無緣，卻一心愛著自己的孩子——耶穌，這是事實。這樣的人離開人世時，反而得到如此大的收穫。

有一句話叫「福從天降」，講的就是這個真理。

人生中，需要體驗和積累各種不同的經驗。然而，僅僅追求結果的積蓄，是不夠的，不能變成結果主義。人生中會有意外的收穫，也會有大的轉機。

即便是做過國務院總理的人，也有可能會墮落地獄。相反的，一個生活平凡的人，也有可能會達到非常美好的世界。

區分好壞的標準之一，就是心的純潔性、純粹性和無私性。對於持有這些特性的人，一切事物，都將成為其學習的食糧、成為其向上的階梯。

得到意外收穫的條件，就是要堅忍不拔、純粹地度過人生。純粹地生活，有時會遭到這個世界的各種誤解，也可能會受到人們的嘲笑。但是，堅忍不拔的生活態度必定會在某個地方得到巨大的收穫。

譬如，我透過大量的著作，講述了心的世界、靈魂世界的真實存在，但是並非所有的人都能理解，仍有誤解的人。

不過捫心自問，若自己並未扯謊而是懷著一顆純粹的心，那麼只要真心誠意、腳踏實地、實事求是地諄諄教導，相信終有一天會得到人們的理解，這一點非常重要。

目前我的心中充滿著一個願望，即是「如何才能出版更多佛法真理的書、心靈的書」。

「只要有人接觸到我的書，哪怕只是稍微有一點轉變，我也就知足了。而且，不僅是現代的人們，哪怕是在我離開人世後才出生的人、後進之人，讀了這些書之後，只要能夠得到心的喜悅、成為其心的食糧，我都將感到非常幸福。」

我就是滿懷這樣的心情在過日子。

積蓄，不能是為了私欲的積蓄、只顧自私自利的積蓄，應該懷著「最終要為偉大的目標做出貢獻」的純粹之心，每天進行累積。這就是「儲蓄於天國的倉庫」的真義所在。

不是為了尋求今世或來世的好評，而是純粹地傳達自己的思想，毫不保留地生活下去，這是很重要的。

五、再生產之道

在本節中，我想探討一下最後的「再生產之道」。

人要學習各種知識，另外，也要體驗形形色色的經驗，並從中得到許多教訓。這樣的事，不能只為自己，不能僅僅為知識而學習知識。

比方說自己工作所得到的薪水，原本是毫無價值的，但是透過使用，金錢即會顯示出意義來。如此一來，才會形成「自己工作所得到的食糧，將成為他人工作所需的食糧」的循環。

經驗也與此相同。自己透過某個事件所經歷的事情，或者說領悟到的東西，並不是自我滿足後就結束，而應該進行有助於他人醒悟的再生產題材，這是很重要的。

在各位的人生當中，應該體會過各種酸甜苦辣的教訓吧！這種教訓的積蓄，不能僅僅當作是自己的資產，應該要以各種形式展示出來。不僅對待家族和友人應該如此，即使對於人生道路上遇到的形形色色的人，也應該如此分享。

首先，自己應該每天反省，憑藉這種覺悟的積蓄，然後幫助世上的人們醒悟。而且，並不是只以可見的形式讓人們醒悟才重要。各位必須知道，我曾講過「存在之愛」——一個用知識裝備自身、提高自己的修養、學習教訓並已覺悟的人，其存在本身，對於其他的人來說，就是一種偉大的愛。

學習人生教訓而有覺悟的人，這樣的人在公司中哪怕僅此一人，對於正在此公司上班的其他員工來說，都將是一種多麼偉大的愛、多麼廣博的存在之愛呀！

另外，對於追求佛法真理和法的人來說，有現存的老師，這是多麼值得慶幸的事啊！這是無法用金錢來交換的。佛陀也好、耶穌也好、孔子也好、蘇格拉底也好，從當時活著的人來看，都是無法替代的存在。

天臺智顗曾說過：「佛陀再誕之時，我也想轉生於世間。為此，哪怕是做一個痲瘋病的病人，我也心甘情願。」事實的確如此，對於大多數人來說，與開悟之師同處一個時代，這件事本身，就是一種難得的幸福。

不是誰都可以成為一個能夠登台說法的人，但儘管是如一顆豆子般大小的自己，也可能會成為放射覺悟之光的存在。誰都有可能做「一個小小的存在之愛」。

「自己一輩子所積蓄的東西，不能只是積蓄而已，而應該讓其成為使眾人喜悅和幸福的催化劑」。假使自己已經成為幸福之人，則應將這種幸福進行再生產。這是人應盡的義務。

請各位於心中描繪「幸福再生產」的景象，努力不斷地積蓄吧！

第三章

與苦惱的對決

一、苦惱諸相

當我們思索如何才能過得幸福時，最終都會歸結到「當人生中出現各種苦惱時，到底應如何與之對決」這一問題上。

正如「人生是一本習題集」這句話所表達的一樣，每個人都會得到與其靈魂相對應的考驗。如何克服這種考驗，將決定此人的真正價值。

因此，看看此人究竟碰到了怎樣的苦惱，便可明白此人靈魂修行的內容是什麼，什麼東西是其最高的價值。

苦惱這個詞，令人聯想起貝多芬。在耳疾不斷加重的情況下，仍能堅定不移地創作音樂，想想這種苦惱，我想誰都不會期待自己度過像貝多芬一樣的人生吧！可以說，這裡存在著堅忍不拔地活過來的人的英姿，其靈魂必定閃爍發光。

另外，近代還有海倫．凱勒女士這樣的生活態度。海倫．凱勒與拿破崙相比，到底誰更偉大呢？或者說，海倫．凱勒與歌德相比，到底誰更偉大呢？這是無法一概而論的。

即使是大英雄拿破崙，也很少有夜晚睡得安穩的日子吧。此外，即使是大文學家和政治家的歌德，聽說其不眠之夜也多不勝數。歌德曾留下這樣的言語：「在我的人生中，真正幸福的日子，連一個月都不到。」

與這些偉人們的生涯相比，海倫．凱勒的生涯也絲毫不遜色。為什麼呢？這大概是因為她肩負著如此這般的痛楚，卻努力從一切事物中發現美好的東西吧！

在頭腦、四肢健全，待遇豐厚的情況下，人們往往傾向於只看到生活中的不足，一旦處於有眼不能看、有耳不能聞、有嘴不能說的狀況，此時僅有的只不過是「活著」這個事實吧！因此，覺察到「光活著就很了不起」這件事也很重要。

據說雙目失明的人，所做的夢就只有在黑暗中聽見聲音的夢。但即使是這樣的人，他們的生命與常人，卻沒有什麼不同，而且即便在這種狀況下，也可從中領悟活著的真正意義所在。

有時各位必須以經歷痛苦人生的人為榜樣，並反觀諸己。

各位苦惱的原因在哪裡呢？多數情況下，其原因都是在一些小事情上，且一般都是感情問題。在大部分情況下，難道不是因為自己的心情與他人的心情無法得到調整，因此而感到苦惱嗎？大部分苦惱的原因，就在於自己與他人的糾葛之中。

但是，只將自己與他人做比較，人生的苦惱是永遠無法得到解決的，為什麼呢？

因為不管怎樣，只要回首過去或環顧身邊，肯定會存在令人羨慕的人。

然而，在古代希臘，卻有一位叫戴奧堅尼斯（Diogenes）的人。此人總是衣衫襤褸，住在一個桶子裡，被稱為「桶中的賢人」。

有一天，亞歷山大大帝來到這個城鎮，然後，亞歷山大大帝走到戴奧堅尼斯的面前，對他說：「戴奧堅尼斯啊！我可以滿足你的任何願望！」不料戴奧堅尼斯卻答道：「請讓一下，別擋住我的陽光。」

這樣的史話經過了兩千多年的歲月，流傳至今。

對於戴奧堅尼斯來說，他的幸福就是能在陽光的沐浴下，在桶中度過平安的一天，這樣就足以使他心滿意足了。

僅有日光的照射就已心滿意足，衣著、金錢、地位、名譽，全都不要。僅僅能在桶內進行思考，就足矣。每天不必受他人的指使，活得自由瀟灑。而在這個時候，不知那個叫做亞歷山大大帝、人稱偉人的人站在自己的面前，擋住了自己的陽光……。

所以，戴奧堅尼斯答道：「請讓一下。」對此，就連亞歷山大大帝也無言以對。

亞歷山大大帝原本以為「自己可以自由支配這個世界中的一切」。的確，若是「想要宮殿」、「想要錢」或「想要妻子」等願望的話，亞歷山大大帝是無所不有的。

然而，即便是握有如此大權的君王，對於戴奧堅尼斯來說，也只不過是一個遮擋太陽、製造陰影的障礙物而已。

這段軼事，在此顯示出「活在心靈王國中的人」與「活在這個世界榮光中的人」的差別所在。

古代中國也有類似的佳話。在百家爭鳴的時代，老莊思想中的莊子，也有過類似的經歷。他曾收到來自當權者「請來做大臣」的邀請，但他一下子就拒絕了。

當時，莊子留下這樣的話：「與其過著伺候人、聽人指使、忍氣吞聲的人生，還不如像豬一樣在泥土中嬉鬧。對於這個世界中的地位等等，與我毫不相干。」

從戴奧堅尼斯和莊子的話語中，我看到了一個能徹底支配己心王國之人的姿態。這是一個不因身邊周圍狀況，或這個世界的價值標準而動心的人的姿態。

這種即使不追求亞歷山大大帝所能給予的權力、名譽或金錢等，也能獲得幸福的人的存在，或者「與其做一國之大臣，還不如像豬一樣嬉鬧於泥土之中」的莊子的心境，是值得我們借鏡的。

在此，存在著一種「不想被他人的意見或言語，也不想被他人所創造的環境來支配自己的幸福」的姿態，這是能夠支配心之王國的人的偉大。

俯瞰苦惱諸相後，便可以發現到苦惱的根源來自於「想要讓自己去符合自身以外的價值標準」、「無法讓自己不要迎合他人的意見而苦惱」、「接收到太多五花八門的訊息，進而產生了苦惱」等等。

究其根本，苦惱的根源來自於自己與他人的比較。

各位應該時常想想戴奧堅尼斯和莊子的軼事，想一想自己的苦惱，不就是起因於自己想要獲得身外之物，以為如此能讓自己幸福而引起的嗎？這其實不就是自己還沒有能夠完全支配自己的心所造成的嗎？從戴奧堅尼斯和莊子的境地來看，世上多數的人不都是為了頭銜、金錢或異性等而讓心性飄搖不定嗎？不都是一個弱不禁風的人嗎？苦惱的原因，其實不就是因為自己向外謀求自身的幸或不幸嗎？

對此，各位有必要加以深思。

二、人生的不安

總的來說，我認為引起人生不安的大多數原因，也出自於價值觀上。「自己希望人家所看到的自身形象，是否會毀於一旦？自己的價值有無被貶低？」這些都是不安的原因。

若是在談戀愛的人，則會想「會不會被對方拒絕呢」；如果是在公司上班的人，就胡思「是不是再也無出頭之日了呢」；假若在做生意的人，則亂想「是不是會失敗呢」或者擔心「會不會生病呢」。

這些不安，說穿了就是在擔心「現在的自己會不會愈來愈糟？」

總而言之，人生的苦惱和不安的原因，其元兇就在「左右自己幸福的關鍵，存於外在」的思考方式，這種想法動搖著人的心。

在此，我想談一下出現在《舊約聖經》中的人——約伯的故事。

這個正直、善良的約伯，有著非常深厚的信仰心，不管遇到怎樣的事，其信仰都沒有動搖過。

但是，從某個時候開始，約伯卻連續遭遇了一個接著一個的不幸。家畜被搶奪、傭人遭殘殺、兒子和女兒也因事故而離開人世。甚至，約伯的身上還長出膿腫，變成了一副相當可憐的樣子，約伯幾乎失去了所有的一切。

這時，約伯向天吶喊：「神啊！我依循著正確的信仰生活，可是對於這樣的我，為何會有這樣的不幸呢？難道我有什麼不對的地方嗎？懷著深厚信仰而生活的人，應該得到相應的環境吧！應該得到應有的成功、繁榮或光榮吧！可是在我的周圍，為何發生這麼多的不幸呢？好好的一個家殘破不堪，家畜也喪失殆盡。而且，我自身也變成了這麼一個醜八怪的模樣，為什麼會這樣呢？」

於是，神作出了如下的回答：「約伯呀！你到底明白什麼？你明白神的心嗎？你了解創造這個宇宙的神的真正想法嗎？我為什麼給你如此的考驗，你明白其中的意思嗎？你咒罵環境，你這麼做，就正是你的錯誤所在。」

總而言之，《聖經》想要教導些什麼呢？亦即：「咒罵環境是無法獲得幸福的」、「周遭環境好就信仰，周遭環境差就不信仰，這不是真正的信仰」。

信仰是內在，絕不允許受到外來因素的侵犯。即使受到酷刑、被槍彈擊斃，或者被戰車碾碎，自己也要堅守己心的王國，如此態度非常重要。

也許各位會遇到他人的批判或惡語中傷，這些就是言語的槍彈。但是，必須懷著即使被這些東西攻擊，也絕不動搖的信念和信仰。

而約伯確實在一帆風順時真心誠意地信仰過神，但是在遭遇各種不幸時，卻突然懷疑神了。

這樣的例子，在這個世界裡不勝枚舉。例如：一位受到熱情款待且被信賴之人，一旦開始抱怨自己際遇不佳時，將會突然失去人們對他的信賴。

在公司裡也是一樣。當上司正在栽培自己時，就會拚命為這個上司賣命，一旦得不到提拔時，就馬上惡言相向，這就是平凡人的樣子。

這樣的事，在宗教團體中照樣存在。當自己得到好的職位時，拚命努力，一旦自己的地位下降，馬上就會有人牢騷滿腹，這真是愚蠢至極。

這樣的人與約伯所處的立場是一樣的。一帆風順時，過著正確的信仰生活是很容易的，但是，只有在自己遭遇困境之時，才是真正接受信仰考驗的時刻。

為了鍛鍊人的靈魂，有時佛神會考驗人。鍛鍊靈魂最重要的時機，是在得意之時和失意之時，在這兩個時期裡，將會暴露出這個人的真實面目和本性。

得意時，不得意忘形；失意時，不垂頭喪氣。堅持平日腳踏實地的努力，這樣的姿態是佛神對人的一種要求。

總之，人的不安乃起因於「在與他人的關係中，自己是否會被比下去」的憂慮。即便自認為是自己優點的東西，也常會懷疑是否真的是優點。

認為只有自己的美貌才是幸福源泉的女性，一旦美貌開始褪色時，究竟能剩下什麼呢？或者，僅以年輕作為資本的人，當年華消逝時，又將怎麼辦呢？

我想說的意思是一樣的，「當外在的東西要害自己、要貶低自己的價值時，無法忍受如此環境，痛苦地在地上打滾」的狀況，便是不安的真面目。各位必須認清，此時正是信仰或信念接受考驗的時刻。

對自己有利便信仰，對自己不利時則不信仰，如此的信仰是假的信仰，那只不過是為了利益的信仰。

要知道人生中大部分的不安，都源於企圖從外在尋找幸福源泉。之所以會產生不安，就在於自己內在還有相當多不堅固的部分，自己對自己的內在尚未承擔起責任來。

三、失眠之夜

因苦惱而心神不定，或處於人生最為不安的際遇之中時，大部分的人都面臨過不眠之夜的折磨吧！讀者當中，也許目前就有人正在度過失眠之夜。

不管熬到多晚也睡不著，在被窩裡盯著黑漆漆的天花板，一夜都不曾闔過眼，直到看見黎明的到來。天空開始泛白，剛要昏沉欲睡時，早晨卻已來臨。然後，新的一天又將開始。身體感到困乏、心情不佳，陣陣不幸感湧上心頭……，這種痛苦真不好受。

那麼，應該如何面對這些不眠之夜呢？不眠的原因幾乎都在於「不安」，我想對正在承受不眠之夜所折磨的人，指出以下的事實。

第一，「失眠之夜不會長久」。還未曾有過三、四年都不曾睡覺的人，這只是暫時的現象。

第二，「你的靈魂目前正在接受考驗」，在這樣的時期，能讓自己得到多少磨練、淬鍊是很重要的，必須以這樣的態度來接受考驗。

另外，當不眠之夜持續不斷時，不要妄下結論，而要默默地忍耐。

勝海舟曾說過：「人生每隔七年或十年為一週期變化。因此，若能忍受十年的陰天，終有一天，日光還是會照射下來；反之，即使眼前烈日當頭，十年之後也會出現陰影下的日子。碩大命運的走向，不會持續十年以上。」

這是有其可能性的，雖說得不到陽光的照射，但在這個期間悲嘆、嚎啕、呼喊都是沒有多大益處的。

當某人不走運時，周遭之人會旁觀此人將如何過活。際遇不佳時，若只是像常人遭難一樣地過日子，不僅此人無法從逆境中學習到什麼，他人亦會對此人產生很低的評價。際遇不佳時，選擇該如何度過是非常重要的事。

際遇不佳便唉聲嘆氣、悲憤不平，這樣的人做為人來說，當歸類於「上中下」等級裡的「下」。默默忍受悲痛的人，則歸類於「中」。

想到「熬過這段時日，盡力設法向上，並為此而努力」的人，則應歸於「中上」一類。那麼，想到「遇到不幸之時，正是拚命苦幹之良機」的人，則應歸於「上」類。

那麼，「上上」之人又是怎樣的心態呢？那就是在遇到不幸時，從中學習教訓，逆向思考，使靈魂更加強大。不要總是懷著不走運的心情，而是要將自己鍛鍊得更為堅強，這一點很重要。

曾經一個因身體虛弱而被告知「這樣下去，將無法健康長大」的人，開始想盡辦法克服先天不足。從孩童時代起，此人就在堤岸上跑步和練習其他運動，後來竟然成為一名奧林匹克選手。這是我曾在某本書中讀到過的故事。

事情往往就是這樣出乎意料。以為自己只有一般人平均以下的力氣，若能毫不氣餒，不單單只是忍受，而是腳踏實地地磨練自己，在不知不覺中，就會飛躍到一個意想不到的境地。

一個是心想：「自己真是不幸，一定要設法脫離這種不幸。」一邊懷抱著不幸、一邊努力向上的人，而另一個則是對不幸毫不在意，每天腳踏實地的鍛鍊、提升自己的人，兩者相比，其差別是非常大的。

簡而言之，在失眠的夜裡，關鍵是要磨練自己。

睡不著，也意味著人生當中能夠活動的時間反而相對增加。我在失眠之夜，不會硬是想要去睡覺，而是一個勁地埋頭讀書。

在困難之時或擔心、不安之際，藉這樣的時候磨練自己，是絕對不會吃虧的。

假使我是運動員，在這樣的時期，也許會跑一跑馬拉松鍛鍊一下身體。可是我不是這種類型，由於我對心靈世界、思想範疇的東西感興趣，因此會在這方面的學習下苦工。

我與靈界相通是在二十四歲那年，當我開始講述佛法真理時，卻已是年屆三十。我默默等待了六年，靜悄悄地積蓄了自己的力量。

這段時間，我若是想苦惱的話，可以說要多少有多少，是苦惱不完的，為什麼呢？因為自己身上出現了靈性現象，並被明確地告知自己的使命。然而，在自己周圍並沒有出現新的氣象，或展現出一個與這種使命相應的世界。

但是，我並沒有因此而苦惱，而是忙忙碌碌地度過。即使是在這個世界裡，我也做出了超乎常人的工作業績。此外，我將工作之外的所有時間，全都用於投資未來，這樣的態度我始終堅持如一。

現在，我雖然在做自己本來的工作，但當回顧自己的過去時，會為自己沒有躊躇不前，而是專心於磨練自己感到欣慰。

當時，若為「自己已經接到了諸高級神靈的啟示，肯定也有相應的使命，卻未出現與此相應的環境」而苦惱的話，也許就沒有今天的我。

然而，在這段期間，我思索了將來的一切。「到底自己所需要的是什麼？總有一天會在眾人面前演講，或是寫書吧！到那個時候的重要事情，必定是心的修行或知識的積累吧！」

「要想從人生經驗中得到許多教訓，大約需要花四十、五十或者六十年。因此，對於經驗不足的部分，不得不用知識來加以補充。」

這麼一想，我也就專心致志地進行自我磨練了。並非什麼都不考慮，而是想到「不久就會給自己一個相應的環境」，因此主動地進行了自我磨練。

我想這就是對失眠之夜的良策之一。

關鍵是，不要為了沒有得到一個能夠遂行自身使命的環境感到失望，而是要想：「如果自己真有使命的話，肯定會在適當的時候出現一個適當的環境，開花之時一定會到來。儘管自己不知道這個時期何時到來，但是等這個時期來臨之前，要專心地磨練自己需要的能力。毋須嘆息、毋須悲傷，奮力向前。」

一遇到困難就動搖，不過是一個凡人而已。正是在這樣的時期，更應該努力不懈。

四、太陽還會昇起

「太陽還會昇起」這句話，也許是老生常談。然而，這個詞卻反映了人生真諦，太陽的確還會昇起。

傍晚，當太陽從地平線上消逝而去，經過十多個小時的黑暗時期，太陽又會確切無疑地昇起。太陽向人們許諾，消逝之後必定還會再次昇起。

世界上的人類當中，有誰會認為太陽不會再昇起了呢？所有的人都堅信「太陽還會昇起」。這是為什麼呢？

這是因為人們都在想：「今天、昨天、前天、一年前，甚至十年前，或者在自己祖先的時代，太陽每天都昇起。因此，明天、後天也會照樣昇起。」

人生也是一樣，不管是在多麼困苦或苦難的時刻，太陽還是會昇起的。

遇到苦難或困難的人，有件事非常希望各位能夠去實踐。那就是，用第三者的角度，冷靜地觀察一下自己目前的狀況。然後，思索一下：「過去是不是也有人曾遇到與自己類似的苦難或困難呢？」

人們容易誤以為：「自己的苦惱很特別，是無法解決的大難題。」真的是這麼特殊的難題嗎？其實，大多數的情況並非如此，幾乎都是過去、現在曾經發生過的事情，持有相似苦惱或痛苦的人，也都可在別的地方找得到。

對此，我想講一件有趣的事情。在病人之中，有人會以得了重病感到自豪。

某人到診所看病，當被告知「你的病情沒什麼」之時，便對此診斷不以為然，因而再到別的醫院去。在那兒，當又被告知「沒什麼大不了的」時候，又會上別的醫院。終於，當被告知「這真的不得了」時，總算心服口服，這樣的病人實在不少。

甚至於，當被告知「你的病是這世界上獨一無二的」時，感到高興的大有人在。

事實上，在精神醫學領域中曾有不少的提醒。在歐美國家的精神科醫學領域裡，患者與醫生相互周旋的情形相當普遍。在許多病例中，病人並不是想治好自己的病，而是想要被證實自己是個多麼複雜的人，這往往讓一些精神科醫生感到頭痛。

換言之，那個想要享受世間優越感的願望，因某個挫折為契機，產生了相反的想法。有很多人想要讓人發現自己是一個多麼複雜、多麼容易受到傷害的人，進而讓精神科醫生感到很棘手。

如此之事，在精神科醫生與病人以外的關係當中，也是大有人在。

因此，希望各位看看自己是否是假裝著苦惱和痛苦的樣子，實際上是在進行某種自我實現。

曾經想得到這個世界的認同，卻沒有得到，於是反轉過來，想讓自己扮演一個悲劇的主角，很多人不正是如此嗎？

拚命想讓人了解自己是一個多麼複雜、容易受傷害的人，假裝著苦惱，不正是這樣嗎？

對此，各位必須要好好地檢視自己是否有著如此想法。

疾病也好，除此以外的問題也好，有的人總是朝壞的方向想，朝不安的方面考慮。必須適時地將這種傾向斷開。

許多人滿懷「自己真悲哀、真可憐」之心情，在安慰著自己的心。

「因為生了這種病，所以自己是不幸的」、「因為考試成績不好，所以造成了自己的不幸」、「是在那樣的時期、那樣的環境下，才變成了這樣」、「如果沒有那件事的話」、「假使這樣的話」等等，怪東怪西的人真是多如牛毛。

這就叫做自我憐憫，是一種覺得「自己真可憐」的情感。這是因為沒有得到他人的愛，而拚命地自己給自己愛。

自己以為是在給自己施肥，但遺憾的是，這種肥料中混雜有毒素，若繼續施肥下去，不久花草就會枯萎。從如此妨礙己心成長的現象來說，自我憐憫就是一種毒素。

自怨自艾的人，不管過多久，都無法變得富裕和美好。

挖掘出某個事件，把自己逼到可憐的角落，把自己捧成悲劇的主角，自己舔自己的傷口，有這種傾向的人不在少數。這樣的人必須覺醒，自我憐憫是絕對不會幸福的。

比方說，有些人因失戀而受到傷害，過了四、五年，還在鬱鬱寡歡。也許此人在想：「對方實在太理想了，自己也盡了一切努力，不過遺憾的是失敗了。這種心靈的創傷，不是四、五年就能癒合的。」

然而，就此人來看是「絕世佳人」的對象，在旁人看來，很可能只不過是一個極普通的女性。即便是瑪麗蓮夢露，從其家人的角度來看，也並非是那麼地魅力無窮，只不過是一個普通的女性罷了。

日本有許多被捧為明星的知名演員，在螢幕上看來非常不錯，可是在個人生活中，只不過是一個妝化得濃一些的普通女性，或者是隨處可見的普通男性而已。他們之中的許多人，也認為自己沒有什麼了不起，對自己的評價並不太高。

人就是這樣，動不動就把對方理想化，動不動就遭受創傷，然後自己陷入自我憐憫之中，僅此而已。

此人眼中理想的女性，果真是絕世佳人，是世上獨一無二的美女嗎？其實不然，只不過是「在學校同年級的同學」、「公司裡被分到同一個單位」、「在某場合見過面」等等，偶爾在某個地方碰過面而已。

只不過是在此人所見過的範圍內，對他來說最為理想的人而已，並不見得是一種客觀的評價。但此人卻主觀地把她想像為「絕世佳人」，這便是悲劇產生的原因所在。

總而言之，讓太陽重新昇起的方法，就是不要太過於在乎暗夜如何又如何，必須知道「暗夜終將過去」。

換言之，就是必須盡快與自我憐憫之心訣別，必須盡快放棄「自己像是被這個世界拋棄了」的想法。應該自覺到「自己也是一個美好的佛子」，並在如此自覺下生活，無論如何都要向前進，這一點很重要。

雖然某些人講過你的壞話，但或許也有別的人曾說你的好話。不管哪個講的是真話，只管向前走，你到底是怎樣的人，等到蓋棺論定時，自然就會明白。

因此，在短暫的時光中，不要被他人的言語所困惑。這絕不是勸導各位過自私自利的生活，這是因為人們並不見得能夠完全地了解對方。

那些沉浸於自我憐憫，容易把自己想像成悲劇主角的人，的確他們之中有很多人的環境是類似悲劇的。而自卑的人，也常常會遭到惡語的中傷。

這種情形，也常發生在狗的身上。看起來兇猛強壯的狗，人們是很難對牠投以石頭或棍棒的。但是，那些一看見人抬手，就捲起尾巴想溜的狗，有些天生調皮的人，就會想要丟石頭過去。

因此，重要的是不要讓自己看起來軟弱可欺，並且，絕不能自我憐憫，而應該滿懷信心地走自己的路。

五、腳踏實地

在結束「與苦惱對決」這一章之前，我想要講述「腳踏實地」的重要。

苦惱的期間，內心會像樹葉一樣搖擺不定，彷彿發生了不得了的事件一般。在此，請各位不要忘記兩個觀點。

一個是宏觀的觀點。當從無限遙遠處觀看自己的身姿時，或者說用佛眼來觀察時，在這巨大的佛眼中，自己苦惱的身姿、混亂的樣子，真的是發生了那麼嚴重的事件嗎？

一般情況下，不過是在區區數百人或數千人的公司內，發生了「同時進公司的人，獎金比自己拿得多」、「同時進公司的人比自己更快當科長」等問題，或者是家中「妻子生病了」等問題而已。

因此，不要忘了想一想「這個苦惱真的有這麼大嗎？實際上難道不是小事一樁嗎？不過是件司空見慣的事情嗎？不是很快就會煙消雲散的事情嗎？」

從無限的遠處，眺望目前的自己之宏觀角度，對於解決人生的苦惱來說，是極為重要的。

另一個是微觀的觀點，那即是充實地過好每一天。

有的人一遇到不幸，便開始胡亂瞎忙，不顧一切後果，盡做些引人側目的事情。

不顧一切地隨便採取行動，或者大肆地誇下豪言壯語。

比方說，有人一失戀，便突然大張旗鼓去做其他事情，展現自己元氣未傷。或者，有的人在公司裡得不到賞識時，就突然到處嚷嚷：「沒關係，反正我還有別的興趣。」有些人就是會在感到受傷時，想試著透過展現些什麼，來引人注意。

然而，這樣的人不出三到六個月，終將還是會陷入自我厭惡之中，進而跌入更加痛苦的深淵中。

因此，在苦惱之時，最好不要輕舉妄動，或者是做出極端的行為。

不要因為自己痛苦，而想要招搖、吶喊，吸引他人的目光。如此一來，有時反而會引來更大的反作用力，讓自己陷入自我厭惡之路。

痛苦之時，不可做引人目光的舉動，而是要踏踏實實地走自己的路，如此微觀的角度，也是很重要的。

在自己能夠辨到的範圍之內，進行自我改造和改善，踏實地走向上之路。一天二十四小時，不要在意他人的眼光，專心積蓄自己的力量。

在公司當中，就是會有人因為沒有做好交代的事而懊悔不已，但又說大話要進行更大的事情。

然而，在這樣的時刻，自己的心已經失去了平衡，「電池」已耗盡，所以需要充電。因此，應避免引人注目，以進行內在的儲蓄。

換言之，工作失敗時，最重要的不是為了顧全面子而嚷著說要幹更大的事情，而是應該靜靜地觀察自己半年，同時進行自我啟發。

每天、每天腳踏實地向前行，比什麼都重要。注意健康，不斷充實自己的內心。

當外在的事情令人眼花撩亂、心神不定時，應該使心向內，進行內在的積蓄。

不要一聽說外國發生了戰爭，便立即拿起竹槍到處亂跑。為了建造一個不會發生戰爭的國家，就必須培養優秀的國民、打好穩固的經濟、創建紮實的農業。關鍵就是鞏固內部。內部若有縫隙，外敵便會乘隙而入，因此心中不能有隙縫。

就像這樣，與苦惱對抗時，有兩個大的視點我們必須學會。

第一，是從宏觀的觀點、佛的角度，觀察目前自己身處的不幸。如此一來，大多會發現其實那並非什麼大不了的事，或者那只是些經常發生的事，要不就是不久便會煙消雲散的事。

第二，是站在微觀的觀點上，反觀自身。不隨便說大話或輕舉妄動，或者將自己的失敗合理化。若是那麼做，僅會露出小人物的「馬腳」。失意時，應該泰然自若地磨練自身。

如果你真的是一個被需要的人、對社會是有為之人，肯定不會總是被放在一邊，一定會有人找上門來。

我不會說像勝海舟那樣，要你等個七年、十年。或許不用一年半載，人們對你重新評價或任用的時期就會到來了。為了如此時期的到來，謹言慎行、磨練己心是很重要的。

如此每天「腳踏實地」，定將成為與苦惱對抗時，戰勝苦惱的方法之一。

第四章
惡靈諸相

一、何謂惡靈？

相信靈魂世界存在的人，我想對於惡靈之事的關心度是很高的。然而，即便是閱讀過幽靈小說和鬼怪故事中的惡靈，但實際要把惡靈當作是身邊之事來接受，我想那是很難做到的吧！

然而，在眼所不見的世界裡，惡靈的確在暗中作祟。本書的讀者中，我想恐怕就有人被惡靈操縱著。

何謂惡靈？那即是依靠人類的負面能量、負面意念而過活的人。

在世間抱持著負面意念而活的人，死後將奔赴地獄，成為惡靈在那裡棲住。這也就是說，惡靈並非從一開始便是特殊的靈，而是所有的人都有變為惡靈的可能性。

人的心要抱持何種想法，對被賦予了自由，可以任意改變思想、意念的人來說，實在難以意料。他既可以抱持著天使般的心念，亦可以抱持著惡魔般的心念。

而很遺憾地，所謂的惡靈，就是那些錯用了心的使用方法的一群人。

那麼，錯在哪裡呢？我想把焦點放在此處來討論。

惡靈之所以被叫做惡靈，就是因為惡靈「發出了有害於他人的心念」。

關切自身利益，絕對不是惡，然而惡靈在關切自身的思緒中，不管是消極的還是積極的，卻有著傷害他人的意念。在那種只想顧到自己的心念中，有著「設法將他人拖下水」、「自己才是最好」的壞念頭。

關切自己的意念，若朝著正確的方向引導，則會成為發展、繁榮的原動力，但若稍有不慎，則可能會導致嚴重的後果。

那種只管自己過得好的念頭，就如同是往河裡亂丟垃圾、亂排汙水，自己完全不在意。然而，其結果就是讓下游的人遭殃。

因此，對此就必須要有一定的規矩。比方說，規定每週的星期幾才能把垃圾集中放置出來。若是有人只想要家中乾淨就好，進而邊走邊丟垃圾，那是不被允許的。

然而，那些不知道為何不能亂丟垃圾的人，就會被貼上惡人的標籤。

知道此規矩與否，也是一種人性的證明。為什麼呢？因為人之所以為人，其中存在著一個根本的命題，即「雖然做為單獨個體生存，但同時也要兼顧整體和諧」。

每個單獨個體，皆需要主張自己的獨立性、個性。然而，那必須和整體之間和諧，並有利於整體的發展。

惡靈出現的原因，其實就在於此。自由與自由相剋的結果，即會產生扭曲之惡。

懷著如此惡念而過活的人、生活於如此惡的基礎之上的人，便被叫做惡靈。

「人」，對於這靈性存在來說，「心中所想，即是此人的一切」。將責任推卸給環境或他人的心，便是惡的根源所在。

一個人正確的生活態度、更上進的生活態度，必須從「如何才能治理己心」為出發點。

無論採取何種生活態度，要改變周遭環境是很難的。然而，你卻可以改變自己的想法。

距今兩千年以前，在以色列各各他（Golgotha）之丘，有三個人被處以極刑。其中兩個人犯有強盜或殺人罪，剩下的一個是被冠有「猶太之王」的罪人，其罪名是「冒充猶太之王」，這就是聞名於世的耶穌．基督。

客觀來看，儘管他們都同樣被綁在十字架上，但耶穌與其他罪人之間，其內心想法有著天壤之別！

不管身處怎樣的環境，要抱持何種心態，皆是自己的自主權。因此，要以何種心態生活下去就變得非常重要。

總而言之，惡靈出現的原因，就在於此人沒有好好地行使那被賦予的自由。

水果刀既可以削皮，也可以傷人。儘管刀身並沒有寫明「不能拿來傷人，只能用來削水果皮」，但行使判斷的，是人的良知。

人在行使那最富價值的「自由」時，其結果即會產生善及惡。然而，若是佛在人心當中事先建立了一個不會行惡的機制，那麼人就喪失了自由，也無法產生修行的食糧。

換言之，從更高的觀點來看，所謂的「惡」，是被用來當作鍛鍊靈魂的材料。而所謂的惡靈，就是錯誤使用靈魂自由之人的可悲末路。

二、宗教靈

下面，想談一談惡靈的種類。

首先是「宗教靈」。所謂宗教靈，即是潛入錯誤的宗教當中，並附身於相信此教的各類人身上的靈。

現今，日本有許多宗教。據說，將世界各地的這些宗教信徒的數量全都加起來，其人口共有幾億人，超過了日本的總人口數。

就像這樣，有很多人都加入了某種宗教，在這些宗教裡，錯誤的團體也不在少數。在這些錯誤的團體中，「魔」便潛入教祖本人或其教義中，使聚集在此之人精神錯亂，這就是現狀。

在這類宗教中，棲居著大量的宗教靈，還是少惹為妙。

那麼，為什麼會產生宗教靈呢？

在地獄裡，有許多靈想要獲得拯救，他們一心只想：「無論如何都要減輕自己的痛苦或苦惱！無論怎樣都想擺脫這種痛苦或苦惱！不想要受苦！」

對他們來說，值得慶幸的是，只要到了錯誤的宗教團體裡，附身於此團體當中的人身上，此人便會被認定「你被惡靈附身，所以需要進行供養」，因此，每天便可得到祭拜和祈禱。

因此，在這樣的團體中大量聚集了「想要訴求自己存在」的宗教靈，這就是惡靈的「供給源」。在那之前好端端的人，一旦走進邪教之門，則被宗教靈附身而歸，因此造成了許多人家庭失和。

此外，還存在著那些所謂撒旦或魔王之類，特別惡質的惡靈。他們也想要擾亂正確的宗教，並且想要妨礙光明菩薩們的工作。為此，他們正虎視眈眈地窺伺作亂，企圖攪亂或分裂這樣的教團。

許多如此的撒旦，和宗教有著關聯。本來，宗教是非常崇高的，但是有時候會因為這些妨礙，而產生混亂。

總之，這些惡靈因為欲求不滿，所以想要透過某種形式來自我實現。而這種自我實現，其結果就是毀滅自己亦遺害他人。這可以說是做為人的最終末路，看見他人陷入痛苦而感到喜悅，這是做人最要不得的心態，而他們就是抱持如此心態而活。

人的心境有高低之分，最差的心境就是看見別人不幸而感到高興，並加以冷嘲熱諷，恨不得再踢上一腳，讓其更加不幸。這是最差的心境。

宗教靈總是很巧妙地潛藏於人心，他們附身於那些怨嘆不幸，一心想要擺脫不幸的人身上，使這些人更加墮落，使其陷於更大的不幸之中，並為此而幸災樂禍。

然而，我們也不能全面非難他們，為什麼呢？因為在人性當中，好比說觀看西部電影或歷史劇，看見殺人場景時，心中會感到爽快。在人性中，的確有時會藉由他人的不幸，來消解自己欲望沒有達成的心裡缺憾。

因此，重要的是要建立一個不受惡靈干擾的自己。此人的煩惱或迷惑，正是宗教靈會乘虛而入的間隙。許多人為了擺脫這種苦惱或迷惑，一味地盡是去那些會拜拜的地方，宗教靈便大量地盤據於那裡。

靈性世界是「心念」的世界，是一個相似之人互相吸引、相異之人互相排斥的世界，各位必須要了解這個道理。

光明菩薩們與「黑暗帝王」們是相互排斥的。從黑暗帝王們看來，光的菩薩是惡；從光明菩薩們看來，黑暗帝王是惡。

然而，最終要看「誰站在佛的這一邊？」而與佛站在同一邊的證明，是和「幸福」一詞有關聯。

惡靈們一般皆是站在自我本位上追求幸福，只要自己幸福就好了。

然而，佛所喜歡的人們，則是從「如何讓世界變得更加美好、如何才能讓人們過著幸福生活」的觀點出發，以追求幸福，各位必須知道其差別所在。

三、色情靈

以下說明何謂「色情靈」？

本章第一節，說明了惡靈就是錯誤使用自身自由的人，色情靈亦是如此。人要怎麼想是其自由，既然佛把人分成了男女，男思女、女思男也情出自然。然而，這也會因思想的控制方法不同，而衍生出善或惡。

正如婚姻制度維持了男女規範一樣，在男女之間的性倫理當中，存在著排他性。這是因為佛非常期待男女共同組成家庭、建立家庭烏托邦，並且期望著男女能夠幸福。

然而，當男女僅是在肉體本能的驅使下，而為所欲為時，則會引起極大的反作用力。

本來，男女就持有「建設家庭烏托邦」的使命，但有時卻因肉欲、色欲，為形形色色的異性而動心，挺而走險。

為什麼說這是不被允許的呢？因為這種行為違背了「孕育家庭、共建烏托邦」的理想，與「建立烏托邦核心的家庭」背道而馳。

儘管有時情況較複雜，有著難以一概而論的一面，但重要的是那是因為愛對方，才想發洩性的衝動？或是完全談不上愛，只是在胡作非為？

這就是人和動物的差別所在。人之所以為人，就在於自己內在有著這樣的自律、有著內在的自覺。

佛給了人羞恥之心，請想想看，為什麼需要有羞恥心呢？尤其是女性的羞恥心特別強，這都是佛為了防止女性墮落而賜予的安全閥。

除此之外，不單是女性，男性也具有羞恥心。特別是青少年時期特別強，因為想到「若讓人知道很丟臉」，所以才會自律，不做不良的行為。

羞恥心能防止人的墮落，事實上，它是一種根源性的情感。這種情感作為靈魂屬性而存在著，由此可看出人存有一定的規範要求。

總而言之，與色情有關的事情，為何沒有得到自由的允許呢？其原因就在於如此羞恥的情感，存在於靈魂的屬性之中。換言之，佛賜予了如此情感，此為頭等重要的理由。

那麼，為什麼要有男女之間的性行為呢？這是因為人有著非常脆弱的一面。

人在這個世界上生活，假使每天都枯燥無味，那麼這個世界就會變成「沙漠」一般，人們會厭倦疲憊。為此，佛給予了人一定的喜悅和快樂，那便是男女之間的性行為。它是佛作為慈悲所賜予的，這種行為是得到許可的。

然而，人若沉溺其中，就會喪失追求上進的心、喪失崇高的理想，進而開始墮落。自古以來，對女性都有過許多禁錮，那是起因於那曾經使許多健全的青少年迷失方向。

做為人而轉生於世間，便無法否定對異性的關心和興趣，但是必須知道靈魂裡有著一定的調節機制。

違背如此靈魂的本性而為所欲為，最終都會受到其相應的反作用力，變為色情靈而在地獄裡備受煎熬。

淪為色情靈的人，為了發洩其欲望，會附身在世間之人身上，進而使他們迷惘，這是在聲色場所等地常常看到的現象。

一個在普通情況下，過著理性生活且色情靈無法靠近的人，若在下班後和同事們飲酒作樂，理性就會逐漸麻痺，而隨感覺行事。之後，其中有些人便會想去紅燈區，當他們走在這些地方時，就會在色情靈的唆使下，一起同流合污、沉溺情海。

總而言之，因色情關係而煩惱纏身的人，肯定在理性方面有某種扭曲。若是理性成熟的人，絕不會發生這種事情。因此，理性非常重要，解決色情問題，培養健全的理性，是其方法之一。

四、動物靈

我想各位一定常常聽說過「動物靈」一詞，好比說蛇靈、狸靈和狐靈之類的。的確，動物也是佛所創造的生物，其肉體中也宿有靈魂，也在進行著靈魂修行。因此，動物靈的存在，的確是一種事實。

那麼，動物靈在死後，是否也有迷途於地獄的呢？也有，為什麼呢？因為即便是動物，也像人一樣，同樣有著喜怒哀樂的情感。

人們也許會想：「動物沒有心，所以不會思考。」然而，動物也會在某種範圍內思考。大部分的動物也有喜怒哀樂的情感。

即使是微不足道的蟲子，也有某種程度的喜怒哀樂，也會去做喜歡的事情，也會見苦卻步，牠們也有喜悅和悲傷。

連蟲子都如此，何況更高等的動物，當然也有這種感情。牛、馬、豬、狗、貓等動物在長年的轉生中，由於在人類周遭生活，因此在某種程度上也明白一些人的想法。

在這樣的動物當中，有些動物也具備了與人相近的想法。只不過由於寄宿在動物的肉體之內，所以無法自由地表達那種想法，就像無法說話的人一樣。牠們因為有著動物的軀殼，所以無法表達那種情感。

就像前文所述一般，動物靈的確是存在的。

那麼，真的有像過去人們常說的，有人曾被狐、狸或蛇附身的嗎？若說沒有，那是撒謊。狐、狸或蛇非常具有靈性，有著靈力，牠們在世間居住的歷史也很長，也進行過相當程度的輪迴轉生，所以可以說累積了許多靈性的力量。

此外，在日本動物靈的阻礙之所以特別多，是因為人們對於動物靈們，有著各種不同形式的信仰之故。

比方說，有些受狐之靈迷惑的人們，會透過稻荷信仰，而定居在類似祠堂的地方。還有，由於有許多人信仰名為水神的自然靈，故蛇的信仰也相當多。甚至於狸的靈也是同樣的道理。

這些動物，牠們的魂並不是無色透明的，而是各自有著一定的特性。動物的靈魂，就某種程度上而言，可以說是很明顯地具有一定的特性。

那麼，就蛇的靈來說，具有什麼樣的特性呢？

好比說，蛇喜歡潮濕的場所，在地面上到處爬行，深受人們的厭惡。蛇之所以如此讓人厭惡，其原因大概就在於其形狀古怪的外表和猙獰、殘忍、糾纏不休的特性。

蛇的靈魂中實際上是有著如此傾向的。靈魂自由發揮的結果，出現了如此傾向，進而化為蛇的外形而出現在世間。

而狐又是如何呢？傳說中常聽到狐假扮人的事情，狐真有這種傾向嗎？在西方國家，狐也常被當做非常狡猾的動物，果真如此嗎？或者說，在日本被當作「稻荷大明神」而受到祭祀的真面目是什麼呢？

在靈界當中被稱為「稻荷大明神」的，是諸天善神中負責指導、訓練動物的高級靈。動物靈也在進行各種學習，因此也需要老師的指導。

當然，在動物靈當中也有較優秀的靈魂，所以在人靈中，有人專門負責指導動物靈。這些人統整某些動物的種族，並研究要用何種方法才能使動物的集團進化。

就像這樣，在靈界當中有人負責指導這些動物靈，幫助這些動物們的靈性進化。

因此，稻荷大明神其實就是在六次元光明界上層階段中，高級靈的職稱之一。肩負那職責的人，並非僅是一個人，而是有好多位。

此外，作為狐而高度進化的靈，在靈界作為稻荷大明神的使者而行動。這樣的狐，以狐之姿，指導其他陷入迷途當中的狐。

然而，很遺憾地，若以靈視觀察日本各地的稻荷神社或稻荷大明神，即會發現有很多地方出現了很大的差錯。為什麼呢？因為那邊並非是祭祀著以守護動物為職責的神明。

稻荷信仰變成了所謂的世俗利益信仰，雖然人們在神社當中祈禱著家庭安全、考試合格、生意興隆等，其中卻存在著極大的錯誤。稻荷大明神的職責是指導動物靈，並不負責保佑考試合格、成就姻緣、保佑健康等工作。

而且，當人們在貪念之下進行那樣的祈禱時，其欲念就會聚集於神社或廟宇。其結果，將會引來那些死後陷入迷途的動物靈，進而盤據在那裡。

動物與人不同，雖不懂什麼複雜的事，卻有著「想要吃」、「想要變強一點」、「想活久一點」等等的基本欲望。牠們會因為感應到那些欲望，聚集而來。因此，牠們藉由「吃」人們的欲望，來發洩自己心中的痛苦。

此外，就像狐想吃炸豆皮的故事一樣，迷惘中的動物靈很多都飢餓難忍，因此，想透過得到供養品，來解消自己的飢餓感。

然而，不管得到多少供養品，由於並不能實際吃進嘴裡，反而會使飢餓感倍增。

因此，當無法得到滿足的欲望終於爆發出來時，便會在人群中作怪。譬如，附身在提供供養品的人身上，使其產生風濕病、肩膀痠痛或偏頭痛等。

此外，還有其他與這種純粹的動物靈不同的動物靈。

在靈界的地獄中，有個畜生道、動物界的地方。因為靈界是心念的世界，所以在那裡自己會呈現出自己所思所想的樣子。

譬如，心地非常殘忍、猙獰且執念很深的人，其身姿就會逐漸變成像蛇一樣。這是因為其心念表現於外。此外，欺騙他人、只顧自己利益的自私者，其外表將漸漸變得像狐一樣。

就像這樣，幾百年來都是呈現蛇或狐一樣身姿的人，有時就會真以為自己就是蛇或狐。於是，盤據在稻荷神社等處，附身於來此地之人的身上，嚷叫著「我就是稻荷大明神」等，迷惑人們。

儘管他自己沒有發覺，但有些動物靈其實是人靈，他們為了獲得供養，就假裝成稻荷大明神。像這種動物靈其實為數不少。

這些人長年採取動物的外貌，漸漸地其心染上了動物的意識。然而，當此人內心的痛苦消失，亦即地獄性的心念消失時，有一條路可讓此人感到心安，那即是靈魂退化之路。

換句話說，有時人的靈魂會寄宿在動物身上，雖然這是非常少見的例子。其結果就是，例如，有些狗非常有人的情感，或者是像有些動物非常親近人等。

然而，這是屬於靈性的退化現象，僅是一時的事情。從長遠的角度來看，他們還是會進化的。因為一旦經歷過動物的屬性，便可從不同的角度體會到人的尊嚴所在。

這就像在公司上班時，具有部長或總經理等頭銜的人，離開公司後變成一個普通的常人，就會深深地體會到，過去那自以為「公司都是靠自己」的想法，其實並非是那麼一回事。

或者是，過去自傲於自己是某某政府部門的部長，下台之後才發現自己其實沒什麼力量，進而領略到「官職並不等於自己」。

那麼，純粹的動物靈與人變為動物外形的動物靈，這兩者之間有什麼不同呢？

簡而言之，後者忘記了作為人的尊嚴，沒有高度地發揮自由提升自己，可以說那是放棄那崇高可能性之人的末路。或者可以說，他們是在追求人類尊嚴和高度自由的過程中，尚未發達的靈魂。

五、怨恨靈

最後，將論述何謂「怨恨靈」。這是一些與各種怨恨、憎恨有關的靈。

常有人說：「人在死時是抱持著何種心念很重要。」實際上此話不假。也有人說，若是抱持著憎恨之心而死去，死後會變成鬼附身在他人身上，引起許多不幸，這也是事實。

這樣的事情，並不偏限於死人之靈，也有被稱作「生靈」的案例。

即使是活著的人，當此人對某人非常厭惡、仇恨時，這種心念將整日整夜地傳給對方。其結果，因受到這種心念波的影響，被厭惡和仇恨的人，也會變得非常痛苦，渾身感到疲乏，因而生病。

所以，在沒有什麼特別的肉體原因之下，總是感到身體不適，或不知為何總有許多不幸時，就必要檢視一下「自己是否正被死去之人的靈所怨恨」，又或者「在活人當中，是否有著非常恨自己的人」。

如果發現有怨恨自己而死的人時，請試著實踐以下事項：

第一，每天學習佛法真理，並依循佛法而生活。

第二，若是自己在過去曾對此人做過什麼不好的事，對此要深深的反省。

第三，直接對此人傳達自己的覺悟。告訴此人懷著仇恨徘徊於靈界，是件不好的事，是一件非常嚴重之罪。

傳達的方法，就是在心中告訴他們。藉由自身的覺悟，便可將此心念傳達給死者。

此外，所謂的生靈，亦即活人的各種怨恨意念也很令人傷腦筋，從某種意義上說，有時其力量比亡靈更強大。

「就是因為那個人，才妨礙了我的晉升」、「因為上了那個人的當，自己才會有如此下場」、「由於那個人的背叛，才使婚姻失敗」、「自己想要結為伴侶的人，被那個人搶走了！」有著眾多如此怨恨的人，要想獲得成功、幸福的可能性不太大。

解除怨恨和仇恨的方法之一，就是反省。若想到有人在恨自己時，應該靜靜地回顧招惹忌恨的緣由，並進行反省。若確實是因自己的欲望、私欲而遭人怨恨時，應直接向此人賠禮道歉，或者在內心祈求原諒。

其中，也有著純屬誤會而引起的怨恨。此種情況下，若能對誤會的原因進行說明，當然更好，若是完全沒有機會向對方解釋的話，則應該在內心好好地和對方和解。或者，透過自己的守護靈或指導靈，請求對方守護靈的幫助。

就像這樣，透過回顧自身反省的結果，若發現原因出於自己，則必須加以改正。此外，即使原因不在自己身上，也不應該抱持責怪對方的心情。並且，若是對方有值得褒獎之處時，應該加以讚美，多看看對方的優點。

遭人怨恨時，我們眼中的對方肯定盡是缺點，但不應該這樣看待對方。我們若看到對方一個缺點，則應該再從他身上尋找一個優點。或者說，若看見了三個缺點，則應該找出三個值得讚美之處，如此思考的方式非常重要。

眼前之人的心是一面鏡子，當自己的心改變了，對方的心自然亦會改變。

遭到對方憎恨時，不管是恨人的一方或遭人恨的一方，要不是對對方的評價不高，就是藐視對方，肯定不出其中一種。

因此，若是發現自己有錯，應該坦率地對此表示歉意，或者是找出對方的優點，加以讚美，或表示感謝，這是很重要的。

這就是去除活人或亡者的怨恨靈、怨念靈的方法。

遭人怨恨時，沒有人會感到心情愉快，或因此而嶄露頭角，所以應盡可能避免遭人忌恨，為此應該每日抱持謙虛、感謝之心而過。

若並未傷害對方，而遭人怨恨時，大多是因為自己喜歡獨占，或想要炫耀些什麼。那種想要誇示些什麼，或者是太過於想要炫耀些什麼的樣子，就是遭人嫉妒、怨恨的原因所在。

當自己說老是遭人嫉妒、怨恨的傾向時，那就表示自己還不夠謙虛，還不夠虛懷若谷，此時應該好好思索一下：「怎樣才能虛心處事待人呢？」

以上講述了惡靈諸相，這些在每個人的心中都是有可能發生的事情。

若是自己的心中出現了與這種惡靈相同的樣子，應該馬上「止觀」，換言之，應該將心停下來進行反省。並且，坦率地向佛懺悔錯誤之處，並不再犯相同的錯誤。如此，一邊經常修正自己的錯誤，一邊以清靜之心提升自己，從中即可看到一個活於佛法真理之人的真實樣貌。

第五章

與惡靈的對決

一、充實靈性知識

在本章中，將闡述如何與惡靈對決，如何解決起因於惡靈的迷惑或附身等問題。

首先的問題是，人們未具備正確的靈性知識前，不知道惡靈的真面目以及與其對抗的對策。

關於肉體的疾病，醫生可以開立處方箋，給我們藥品或進行手術。然而，關於「心」的問題，卻很難找到可以開出處方箋的人來。

因此，關於心的痛苦，每個人只好擔任自己的主治醫生，隨意開立處方。結果就是產生各種問題，這就是人間的現狀。

本來，宗教家作為「心的醫生」，必須站在為心的疾病開立處方的立場上。然而，現在卻出現了大量的「缺德醫生」，致使社會進入一個無法充分治療心靈的時代。

在此，我們必須重新認識正確的靈性知識，藉此，精神醫學、心靈醫學方能得到進化。

在醫學當中，成為臨床治療前提的基礎理論相當深厚，正是因為有了此部分，才能對各式各樣的患者進行治療。然而，在心的世界裡，這方面的基礎理論還不夠充分，因此這是一個大問題。

如今，形形色色的宗教競相聲稱「只有自己說的才是正確的」，對於一般的人而言，問題則停留在「到底要相信哪一個？」這不像醫學，曾有人做過整體、大量的研究，所以，到底哪一個最有效呢？

醫學大致上分為西洋醫學和東洋醫學，兩方面都在分別探索效果、效能，然而，在心的世界裡，卻搞不清哪種處方或治療方法，能夠得到何種程度的療效。儘管有主觀的判斷標準，卻缺乏客觀依據，這即是問題所在。

因此，與惡靈對抗之時，充實靈性知識是非常重要的。

首先即是要了解惡靈的真面目，必須知道「惡靈並非一種籠統的概念，自己本身也有變為惡靈的可能性。惡靈就是患有心靈疾病的靈魂」。

換言之，即便是本書的讀者，若是在患有心靈疾病的狀態下回到靈界，也都有變成惡靈的可能性。

那麼，所謂患有心病，到底是怎麼一回事呢？至少可以說，那是一種未充滿幸福感的狀態。大多數的情形，都是有著某種煩惱，而且還是負面的煩惱。

人有時會陷進一種否定自己，或者是否定他人的意念之中，當處於這兩個極端時，會出現許多不知足的欲望、抱怨、不平不滿、猜疑心、欲求不滿、自卑感、自我表現欲等煩惱。

那就好像被關在小小玻璃箱中，四面碰壁的蒼蠅一樣。蒼蠅不知道自己已被關在玻璃箱中，在箱中到處碰壁亂飛，可以說，處於苦惱當中的人，就是這個樣子。

因此，試想「自己是否會變成惡靈？」如此觀點是非常重要的。人生陷入不幸時，儘管有可能被說是「因為有靈在作祟」、「因為祖先正陷入迷途」等等，但是必須知道自己也有陷入迷途的可能性。

在貫穿世間與靈界的法則當中，有一個「波長相通」的法則。惡靈之所以會靠近，是有其理由的，是因為此人心中有著引來惡靈的想法。

被何種惡靈附身、被何種惡靈騷擾，其實是在教導此人心中存有何種的偏差。從這個意義上說，惡靈可以說是一位家庭教師。

若此人被惡靈附身，便可以說此人生活得並不心安、心中並不安穩、生活並不平和、活得並不幸福。被惡靈附身，證明了自己的心尚未覺悟。

為了進入覺悟之道，不要想藉由他力剷除惡靈，而應該要檢視己心，從心中趕走惡靈，清除掉那惡靈的能量來源。

正如「己心之魔」一詞，因為心中有魔，所以引來了外在的魔。總而言之，雖然說是與惡靈對決，但與其說是與外在的惡靈對決，還不如說是與己心對決。

若是己心開朗、清爽、沒有執著、充滿光明，那麼惡靈就無法棲息於此人心中，亦無法靠近。

因此，必須及早思索「如何才能恢復晴空般的心境？」否則的話，老是磨磨蹭蹭、猶豫不決的話，己心將永無清爽之日。

喚來惡靈之心的狀態，就好比天空中佈滿烏雲一般。即使烏雲之上陽光燦爛，但若烏雲不散，陽光就無法照射下來。心也是一樣，若是烏雲密布，便會遮擋住佛光。

首先，必須要清除烏雲。為此應該認真想一想，「自己心中，到底有什麼樣的烏雲？」透過深思，便會找到對應的措施。

所謂心中的煩惱，一言以蔽之，就是「總是在想著某件事，心中總是朝著某個方向浮動」。人無法同時為兩件事煩惱，即使看起來好像有許多煩惱，但其實大多數的根源只有一個。

最關鍵、最核心的煩惱就只有那一個。最核心的煩惱，總而言之，就是讓此人的人生受創最深的煩惱，對此，必須要從正面加以解決。

正在危害自己的就是那某一個想法，或某一個想像。「某某人正使自己痛苦」，就是這一個想法、這個想像，自己就是因此而煩惱。

此外，也有人是因他人的話語而煩惱。即便是聽相同的話語，有的人聽了毫不在意，但有的人卻因此痛苦了五年、十年。

這是因為哪裡出了問題呢？對此將在下一節深入闡述。

二、確信之心

即使遭遇到相同的外來狀況，對應的方法卻會因人而異。

譬如，即便是被他人講了相同的惡言，對此惡言的反應，每個人皆不相同。有的人是完全當耳邊風，完全不往心裡去；而有的人，就像是被一把尖刀直插心底，永遠無法自拔，痛苦不堪。

此外，受到他人批評時，有的人能夠謙虛地反省，若發現自己有錯則修正，若自己沒有錯則聽聽就好。

就像這樣，世間有各式各樣的人，但人生的關鍵就在於，自己如何看待外界的現象、如何應付外在的事物。

在此，我想提出一個重要的觀點，就是「確信之心」。

所謂確信，並不是自信過頭、驕傲自滿，而是認為「自己並非毫無用處」，一種難以言喻的自信。

人在痛苦或悲傷的當頭，總會變得悲觀失落，並會悶悶不樂地自認為「原來自己是這樣可惡的惡人、罪人！」然而，若是此時用另一種更清晰之角度來看待自己，就會發現「自己並非那麼一無是處」。

回顧至今幾十年的人生，便一定會發現自己哪裡不好、哪裡不對。然而，自己也一定並非是毫無用處吧！

那就是一種「自己也被佛關愛」的感受，也是一種「自己對某人也是有用」的信念。

所謂的自信，是由小小的確信逐漸累積起來的。每天一點點地透過各種事情自我確認，找出那個對他人有用的自己，這是很重要的，否則就無法找到真正的確信。

水面上漂浮的水鳥，因其羽毛表面有油脂，所以可防止水的滲入。確信之心就相當於水鳥羽毛上防水油脂的部分。換言之，不管遇到什麼樣的不幸，那種確信之心將成為一種避免外力傷到自己內心深處的油脂。

舉例來說，假使遇到了父母親或兄弟姊妹過世，因此事而會受到多大程度的打擊，將因人而異。

有的人悲痛欲絕長達十年之久，有的人一夜白髮，或者是一病不起。然而，也有人平靜如常。

在那樣的時刻，除了對亡者過去的關愛充分表達感謝之外，也同時要想到「從現在開始自己要獨立生活下去了」。

從結論來說，「從根本上相信佛」是很重要的。

「如果這個世界是佛所創造的，那麼看來令人悲傷的事物，就必定有其用處和意義的。佛是絕對不會想要徹底傷害我的」、「親人過世了，難道我不能變得更加堅強嗎」、「儘管被好友背叛了，難道我不會遇到更好的人嗎」、「雖然與戀人分手了，但不久之後就必定會出現更適合我的人」。

應該試著這麼想一想。

最重要的是在不斷消逝的時光中，一面珍惜自己，一面累積力量，磨練自身。而不要苦苦掙扎，沉溺於悲傷。

此時最重要的是「對佛的信仰」和「對佛的愛」。

在最煩惱的時刻，請試著思索一下，「自己有愛佛之心嗎？」絕大部分的人，都變成「自愛」的俘虜。自己拚命地想「自己是多麼可憐啊！」希望能得到他人的同情，但誰也沒有發出同情之聲，這一點即是問題的關鍵所在。

此時請試著敞開雙手、仰望藍天。陷入煩惱當中之人、被惡靈所俘虜之人，大概都是縮成一團、背對陽光，僅是盯著自己小小的身影。如此一來，不管經過多久，都不可能看見光明。

此時應該馬上站起身來，面對太陽、大大地敞開雙手，這就是「對佛的愛」。不要只盯著小小的自己，應該回首朝向佛，滿懷感謝之情。試著想一想「自己被賦予了多偉大的愛啊！即使看起來是不幸之事，但在時間的大河中，其實並沒有什麼了不起，反倒是能成為精神提升的食糧啊！」

不管承受怎樣的考驗，只要不忘記從中學習教訓，便能夠成為出色的人物。若有不屈不撓的心，那些看起來困難重重之事，也只會讓自己強壯，而不會使自己毀滅。對於具有不屈不撓和獨立精神的人來說，困難絕對不會讓自己一蹶不振。

總之，不管遇到何種逆境，重要的是要考慮到「這是冶煉自己的鐵錘」。

三、反省

以下，想論述有關「反省」之事。

與惡靈的對決，若省略掉反省，則有些事情將無從談起。反省，看起來雖是消極的方法，卻是一種厲害的對決手段。

這一點，從被惡靈附身的言行當中，便可看得一清二楚，他們共通的口頭禪就是「自己絕對沒有責任」。

「制度不好」、「公司不好」、「那個人害了我」、「生在這樣的家庭真是不幸」、「生在鄉下真是倒楣」、「家人和親戚不好」、「只怪父母沒有把我生得再高一點」。

就像這樣，把責任往外推，就是惡靈的典型姿態。希望有如此傾向的人，能好好想一想：「自己是否被惡靈附身了？或者是惡靈的候選人？」

「當出現了想把不幸的原因轉嫁給他人的想法時，自己就會淪為惡靈的俘虜。」對此不可不知。

此時最重要的即是反省，反省即是「回顧檢視自己」。當興起責怪他人之心時，回頭看看自己是很重要的動作。

那麼，要如何反觀自己呢？

首先，應試著思索一下：「與他人產生不和的原因，不僅是對方有問題，是不是自己本身也有問題呢？」

若是發現自己本身也有不對的地方，應該直接向對方表示道歉，或者在心中賠不是。並且還要祈求佛的原諒，下定決心不再犯同樣的錯誤。

赤裸出生於世間的嬰兒，儘管對於世間之事一無所知，但隨著年齡的增長，會逐漸累積經驗。過程中儘管會犯下各種錯誤，但是從這些錯誤當中，能夠吸取怎樣的教訓，才是關鍵所在。因此，持之以恆的學習態度很重要。

而學習的方法之一，即是反省。人生會有許多新的經驗，其中若是覺得自己犯錯了，就必須要回過頭來看看自己。

反省的方法中，傳統上有所謂的「八正道」。

八正道之中，首先有「正見」、「正確地看」（正確的見解）。

這即是「自己對他人的看法是否正確？對自己本身的看法是否正確？是否從第三者的眼光來看待了呢」等等。

人往往容易對他人或自己產生獨斷和偏見，有時會想「那個人家境不好，才會變成這樣」、「那個人是單親，所以才會有那種心態」、「那個人很窮，所以一定有自卑感」、「有錢人舉止傲慢，總是剝削窮人」、「有名的人就是這副德性」等等。

就像這樣，人們容易不分青紅皂白地對他人品頭論足。「宗教家應該如此」、「運動選手應該那樣」等等，很多人把這種自以為「本來就應該如此」的想法，簡單地套用在各種人的身上。

然而，立足於各個領域當中的人，實際上也是形形色色的。所以並非一朝一夕就能了解每一個人的想法。

女職員有女職員的煩惱，新進職員有新進職員的煩惱，此外中階主管也有其特有的煩惱，人人都有著各自的煩惱。

正確地觀察他人，不是一件容易的事情，或許耗費一生也無法辦到。但絕不可忘記「自己雖然是這麼評判此人，但或許其他人對此人還有別的看法或評價」。對自己來說，也是如此。各位或許自以為「自己是這樣的人」，但還是必須保留餘地，或許從別的角度來看，會有不同的看法。

其次是「正語」、「正確地說」。

與惡靈對決時，最重要的就是這「正語」的實踐。若被惡靈附身，其影響將首先從話語上表現出來。盡是說人壞話、發牢騷、心中憤恨不平的人，很容易被惡靈附身。

當要講出那樣的話語時，必須思考為什麼要講那樣的話？之後，要努力講出好的話語。在如此努力的過程中，美好人生之道即會展開。

此外，八正道中還有「正精進」、「在正確之路上精進」。

惡靈總是在想：「總之要讓人墮落，要讓人們體會和自己一樣的痛苦。」因此，他們對懷著向上心，努力上進的人感到非常棘手。

不過仍有一些持有上進心，卻依舊被惡靈迷惑的人。那些即是容易驕傲自滿之人、懷有自我表現欲的人、總是想到自己如何又如何的人，惡靈能使這類人感到迷惑。

然而，對於那些能謙虛看待自己、不斷精進之人，惡靈將無可奈何、一籌莫展。

取得柔道段數或劍道段數的人，都懂得禮貌，知道如何待人。有力量之人，反倒是待人和藹可親。這些人不會想「因為自己是劍道六段，於是就想用棍子敲人腦袋」、「因為自己是柔道五段，所以見人就想摔摔看」。

但是，像流氓一樣的人，或者是素行不良的學生，就喜歡胡作非為，或者動輒就動手打人。那麼，如此施展暴力的學生，是不是就真的會擅長體育競賽呢？其實不然，那是因為他們缺乏正精進的態度。

若想真正地顯示自己的強壯，可以在柔道、劍道、空手道當中表現，但他們卻不那麼做。相反地，正式參與此類運動的人，待人處事卻是溫文爾雅。

這就是惡靈與非惡靈之間的差別所在。在正確之路上精進，會推動人向上，且不可思議地，此人並不會興起害人之心。

八正道中另一個重要的內容是「正念」。

反省中不可缺少的是控制意念這一關。這是指去檢視自己一天之中，究竟是抱持著何種意念？這個意念就是自己的本來面目。

聖人與凡人的差別，就在於這個意念。一天之中，聖人與凡人所考慮的事情是大相逕庭的，高級靈與惡靈之間也是如此。他們從較高的境地，從更廣、更深、更全面的視點來看待事物，心中總是惦記著：「要如何才能引導更多的人？」

然而，凡人卻是以「只要自己好就好」的觀點來看待事物，其想法與聖人有著天壤之別。

在待人接物的方式上也是一樣。到底是因為想要幫助他人而接近他人？還是想害人而靠攏他人？這存在著天差地別的不同。

總而言之，總是想要讓更多的人獲得幸福之人，可以說即是世界上最偉大的人。

「一生之中，自己到底打從心底希望多少人能夠幸福？為此自己又付諸了多少實踐？」這個想法當中，存在著人應有的生活態度。

因此，希望各位每天檢視一次，對於自己做為人的「心念」。

此外，八正道中還有「正思」、「正確地思考」。

正思中的「思」，是指在心中來來去去的想法。各位必須要去掌握，自己一天當中遇到各式各樣的事情時，心中所出現的想法，並且對其進行管理。

正念的「念」，具備著「今後該要怎麼做」的方向性。在正念的反省中，必須努力地不讓自己心念的方向出錯，努力讓自己的方向朝向佛。

如此，透過反省，人將會發現一個不偏頗的自己，那也是一個沒有變形的自己、沒有凸凹不平的自己、研磨地非常光亮的自己。透過反省，惡靈乘虛而入的縫隙將消失殆盡。

惡靈總是攻擊人最薄弱的地方，這就是惡靈的特徵。他們專揀選人心黑暗的部分、心痛的部分、突出在外的部分進行重點攻擊，所以重要的是不要製造出這樣的部分。

從這層意義上說，反省可以說是對惡靈的最大防禦。然而，反省不僅是對惡靈最大的防禦，同時也是對惡靈最大的攻擊。因為在防禦過程中所發出的意念，是惡靈們不喜歡的意念。

就像蚊子不想要靠近蚊香一樣，惡靈不想靠近正在反省之人。惡靈好比蚊子這一類的東西，若發現蚊子到處亂飛、亂叮人的話，應該拿出像蚊香一樣，讓惡靈最討厭的東西來。

總之，惡靈最討厭的就是正確的人生態度，為了恢復正確的人生態度，就應該進行反省。藉此，可讓惡靈無法靠近。

四、光明思想

做為與惡靈對抗的方法，以下將論述「光明思想」。

當接觸到宗教之事時，有時靈性會變得敏感，或者是受到許多靈的妨礙。當惡靈靠近時，有時身體狀況會變差，或者是感到頭昏腦脹。

此時，還有一個重要的對應方法，那就是持有光明思想，這是憑藉光明打破黑暗的思考方法。雖然很難消滅黑暗，但只要努力增加光度，黑暗自然就會消失。

光明思想的思考方法即是：「儘管無法在漆黑的房間裡消滅黑暗，但若是打開燈，黑暗即會消失」、「點燃一根蠟燭，若是周遭依舊漆黑，那麼就持續點亮兩根、三根……的蠟燭。」

當夜間巷弄內頻頻發生搶案時，常常採用的對策即是增加路燈，使道路更加明亮，光明思想也與此相同。在明亮的道路上，強盜就難以出沒。

持有開朗的思想、光明的人生態度，就能夠避免壞事靠近。光明思想的效果已在許多人的實際人生當中獲得驗證。

一個是笑容滿面的人，一個是愁眉苦臉的人，各位對哪一個人會感到親切？笑容滿面的人或許並不漂亮，但不管是何種長相的人，只要面帶笑容，看起來便很美。做為一種慈悲的外表，人們被賦予了笑容。

見到開朗的人，會有人說討厭的嗎？「那個人太開朗了，真讓人討厭！」會這麼說的人，很有可能被惡靈附身了。若是一般的人，見到開朗的人，會感到心情愉快、清爽。

就像這樣，和惡靈對抗時還有另一種方法就是「藉由增加光的強度，將惡靈驅散」。不去試圖清除或降服惡靈，而是增加己心光的強度，換言之，就是讓己心開朗，藉由讓己心發光，進而驅散掉惡靈。

如同「己心之魔」一詞，自己心中也有著引來惡靈的黑暗部分，首先應將此部分清除乾淨。

如此黑暗部分，大多數是不安或不滿的情緒。對未來的不安、對過去的不滿，其結果即是構成了招來惡靈的原因。

然而，難道過去總是遇到那麼糟糕的事嗎？過去雖然有各式各樣的煩惱，但每一次不都是以各種方式度過了嗎？

回首自己的過去，覺得總是不斷失敗的人，此人在看待事情上，必定在某處出現了偏見。或許的確出現過失敗，但一生當中絕非總是失敗。

因此，那不是事實本身的問題，而是如何評價的問題。自己對於自己的評價，老是用黑色的蠟筆塗滿，難道不是這樣嗎？

光明思想即是把這黑色評價，轉變為金色評價的方法之一。即便過去有許多悲傷、痛苦，但是自己從中學習到多少的教訓？吸取多少有價值的經驗？這些其實都是讓自己的人生，散發光芒極其珍貴的材料。

從失敗當中，人可以從中得到許多學習。據說愛迪生在發明電燈泡之前，曾經失敗過幾百次。但是，對於持有光明思想的他看來，那些皆不是失敗，只不過證明「這個方法不能成功」而已。世上亦有人持有如此的想法。

因此，不能簡單地把失敗看作是失敗。「這麼做就會產生如此的結果，所以之後不能再採取同樣的方法。」應該將失敗當成是一種學習，當日後出現相同的選項時，就不要再選錯誤的路走就好了。

自己的過去，並非是束縛著自己的不祥之物，而是能讓自己提升的材料。「依照自己過去的經驗，日後只要避免這麼做，自己就能夠幸福。」只要能這麼想，自己的過去即是自己的集大成。若能這麼想，過去的經驗亦會變成一片美好。

此外，對於未來也要有自信不管發生什麼事，自己都終將能夠克服。

不幸感受很強烈的人，老在擔憂「未來是否要倒霉」的人，歸根究柢僅是自我關心過頭罷了。如此「可憐自己」的心情，將會轉變為「只要先預想發生了最糟糕的事態，應該就不會發生更壞的情形了吧」的心境，但這只會把自己引導到更不幸的方向。

請不要抱持如此想法，而是應該要想「昨天我撐過來了，今天應該也會安全克服，明天也是一樣！」

即便明天會天崩地裂，但為此而憂心忡忡，到底會有什麼樣的好處呢？相信明天一定是美好的過生活，這是比什麼都重要的。

還有另一個重要的觀點，那即是「心念的實現」。

人的心念終將實現，抱持著積極、建設性心念的人，周遭就會出現那種現象。反之，抱持著消極、否定心念的人，周遭亦會出現那幅景象。

從這一點來看，現今流行之自我實現的方法，應該給予相當大的評價。因為藉由經常在己心播下積極、建設性的種子，便會開啟光明的未來，如此事實是存在的。

在這層意義上，我希望更多的人能正確地自我實現，藉由發現自己未來光明閃耀的樣子，進而實現美好的自己。

總而言之，成為一個具備優秀人格的人，影響眾人並引導他們，這對於人來說，應該是最偉大的自我實現。抱持著勇氣，行走在這條大道上是很重要的。

缺乏積極的想法，被灰暗否定的感情所俘虜，是絕對不會幸福的。希望各位能夠重視做為幸福基礎的「光明思想」，以及其方法論的「自我實現」。

五、埋首於工作

在本章「與惡靈的對抗」的最後，我想談談「埋首於工作」的話題。

為靈性問題而苦惱之人，歸根究柢是心中出現了空隙。心有空隙時，惡靈便會趁隙而入。若是陷於煩惱和痛苦中，每天悶悶不樂，惡靈便會藉機附身。

為了使心沒有空隙，就有必要讓自己埋首於傾注心力之事，應該要埋首於對自己來說最有價值的工作中。

此外，在遭受惡靈的影響時，不要過分考慮惡靈之事，這也很重要。應該全心完成自己眼前必須要做的事情、自己手上的工作。

說什麼自己正被惡靈干擾，那是不成理由的。那就好比自己因他人的話語，而遭受傷害一樣，那是無法構成任何藉口的。對方要講什麼話，那是對方的自由，然而自己要如何去聽那些話，則是自己的自由，所以不可將責任歸咎於他人或環境。

不應該歸咎於黑暗的意念或悲觀的情緒，而應埋首於工作，這是很重要的。若有時間去煩惱，還不如向前邁進，哪怕是一步、兩步。

人的心是無法同時思考兩件事情的，因此當煩惱占據己心時，就應該埋首於工作之中。譬如，每天都想些新的點子，每天都針對自己的工作，思索能不能做得更好？不斷向上的人，終究會成為一個偉大的成功者。

因此，請試著想想：「自己的工作是否墨守成規？因循守舊？能否找到更好的方法？能不能為自己創造更多的時間？是否能將時間用在更有意義的事情上？」

就像這樣，陷入煩惱、痛苦之時，應埋首於工作之中。在忙碌、繁瑣之中，潛藏著解決煩惱之路。

比方說，假設自己的工作受到某些人無情的批判，此時若憤慨不平，其實是毫無益處的。何不轉個念頭：「我要以此為契機，進一步做好工作。遭受批判，就說明了自己的工作還做得不夠充分，必須要累積更多的實力。」如此一來，愈是遭到批判，工作就愈做愈好，這是非常值得感謝的事情。

當工作受到別人的褒獎時，心情會很好，工作也會愈做愈好。反過來，即便受到別人的批判，或聽見他人的壞話，也要想到「這是因為自己努力不夠」，因而要謙虛、孜孜不倦地努力。

像這樣不管遇到什麼樣的事情，都向前邁進的人，佛必會為此人開啟前方之路，世間之人亦會為此人敞開前方之道。

當人看見青蛙不管失敗多少次，仍舊不停地跳上柳樹葉的情景時，難道不會感動嗎？何況是看見一個不管受到怎麼樣的批判或非難，依然懷著信念向前邁進的人，難道會無動於衷嗎？

也許各位有時會成為煩惱和不安的俘虜，此時應該鼓足幹勁，貫徹自己的信念。

為了在與惡靈對抗中獲勝，最後講到了「埋首於工作」、「度過繁忙的每一天」的方法，對此大家切不可忘記。

煩惱很多的人，請試著增加工作的時間，或加入新的工作。若是家庭主婦，不要單單只是做家庭主婦的工作，應該去試著學習某種事物，將時間用在更有創造性的事物上。

總之，將心思用在更有生產性、建設性的事物，這是與惡靈對抗時，克服惡靈，創造一個更美好的自己的方法。

終有一天，你會發現「惡靈的存在，其實是磨練自身靈魂的老師」。我希望各位能培養出一個光明、有建設性、爽朗的人生觀。

第六章

不動心

一、佛子的自覺

在最後一章，我想論述的正是本書的書名「不動心」。

不動心即是指「不動搖的心」，佛教自古以來都非常重視「不動心」。為什麼呢？因為大部分的人，生命充滿痛苦和迷惘，可以說皆起因於內心的動搖不定。「如何才能培養出一顆不動搖的心」，這曾是佛教修行者們的課題。

不僅是佛教修行者，觀察一下自己身旁之人，或者是在各種場合所遇到的人，若是一個具有不動心之人，是會令人感到非常的安祥自在，也會感到很堅強、很可靠。

不管遇到何種困難都能克服的姿態，以及不動搖的信念，這些都是與指導者的器量密不可分的。指導者之所以能成為指導者，那是他不會因為遭遇到小小的風浪就內心動搖，並且具備著能夠正面解決問題的力量，其根源就在於不動心。

有的人雖然口頭上說自己有信心，卻因稍微犯一點錯而受到指責時，或遇到一點麻煩時，自信便頓時煙消雲散，這種人不在少數。對這樣的人來說，重要的是要練就一顆真正的不動心。

為了練就一顆真正的不動心，絕對必要的前提就是「佛子的自覺」。缺少這種自覺，即使有不動心，也會像是牆上蘆葦根底淺。

心之所以不動搖，那是因為此人自覺於「己心根部與佛是相連的」。若沒有如此的自覺，人生就像漂浮在波浪之間的樹葉，只會不安地隨波逐流。

有了佛子的自覺時，就像是船隻在海上拋下了錨一樣，具有安定感。在海中拋下堅固的錨，因其重量使之有安定感，船隻才不會隨波飄流。

在人生中相當於這個錨的，就是「自己與佛相連」的佛子的自覺。若能夠堅守住這一點，即能衝破人生的風浪與難關。

然而，如果此部分不夠堅定，自認為「自己正受到命運的捉弄，自己好比是命運之河中漂浮的樹葉」，那也是無可奈何的。這樣的想法終將變成「別人和環境正在害自己」、「悲劇的未來正等待著自己」的悲觀情緒。

到底是選擇過這種自我暗示的不幸人生？還是選擇過另一種充滿力量的積極人生？這與「自己是如何想的」密切相關。

牢牢抓住了佛子的自覺、佛子本質之人，真的是很堅強的。此外，在徹底的考驗中掌握到自信的人，也是非常強韌的。

常言道，「了解自己的能耐很重要」、「知道自己在體力或能力，到底能夠堅持到何種程度，知道自己極限的人是強者」、「在經歷過戰爭的一輩當中，曾有死裡逃生經驗的人是很有膽識的。」

此外，自古以來就曾有人說：「要想成為一位偉人或大人物，就必須經歷過大病、流浪、失戀、離婚、失業等等的苦難和困難。」為何說這些是成為一個偉人或大人物的前提呢？這是因為他們藉由如此苦難、困難，打造了人生的根基。

鞏固了自己心底的「大地」之人，即會變堅強，在遇到困難時皆能正面面對，並重新奮起。

「對於這種困難，自己能努力到何種程度？」掌握到自己的極限是很重要的。因此，要挖掘出苦難或困難之正面積極的意義，並不是一件難事。因為透過苦難、困難，自己可以了解到「若是真的被逼到走投無路時，自己能夠將生命的能量發揮到何種程度？」

常言道：「若想知道某人的人品，看一看此人得意之時的樣子，和失意之時的樣子就可瞭解了。」

得意之時自以為是、自我陶醉的人是凡人；失意之時痛哭流涕、呼天喊地的人也是凡人。在這兩種極端之間，能夠抱持著不動心或平常心的人，則是非凡之人。

發明家愛迪生經過刻苦研究，獲得了各式各樣的專利。曾有一次，他的研究室被一場大火燒成了灰燼，他站在火災現場，看著成為一片廢墟的研究室，竟說了：「太好了！這下就可以從頭開始了！」

英國思想家卡萊爾也曾有過類似的經歷。

有一天，他將自己的原稿交給一位友人讓他先讀一讀，但是這位友人看完原稿後，將其放在桌上便睡著了。此時他家中的傭人卻錯把原稿當垃圾處理掉，使原稿盡毀。

然而，卡萊爾對此卻不生氣，又從頭開始寫了起來。這本書完成後，便成為舉世聞名的歷史書，被譽為一部不朽的名著。

在卡萊爾如此的態度中，我感到了一種非常堅強的意志。那就是不管遇到怎樣的困難，都能夠從頭開始的毅力、信念。即使工作在即將完成之際被毀於一旦，也要有可以從頭再來的耐心，這是很重要的。

抱持著「隨時都能不吭一聲地從零開始」之心境的人，是一名強者。然而，為了獲得某種程度的地位或名譽時，生怕有什麼閃失而瞻前顧後，是非常軟弱、可憐和脆弱的人。

難道各位不想成為像愛迪生那樣，當研究室被燒毀時，還能說「這下就可以從頭開始了」的人嗎？或者是難道不想擁有像卡萊爾一樣，當自己的原稿不慎丟失時，還能重新拿起筆，書寫出一部不朽名著的實力嗎？

我覺得與其說是感動於這些偉人的事業，還不如說是被他們的心境給深深地打動。

寫下《溝通與人際關係》（*How to Win Friends and Influence People*）、《人性的優點》（*How to stop worrying & start living*）之名著的戴爾・卡內基，也是兼備如此人品之人。

據說他在年輕的時候，立志要成為一位小說家。然而，他所寫的兩本小說好像都被打了回票，沒有被採用。之後，他雖然沒有再寫小說，卻寫下了許多有關光明思想以及勵志思想的名著，感化了世界許多人。

對於自己未能成為一名小說家，卡內基從未懊悔。他曾說：「我很慶幸自己選擇了這條路。當聽到『你無法成為小說家』的評語時，雖然感覺到好像受到了死刑判決，但是我選擇重新站起來，走上思想家、教育家之路。」換言之，他開闢了另一條新路。

有一句話說：「人間處處有青山。」若是能抱持著「不管從什麼地方開始，也要開拓自己的可能性」的意志，眼前的苦難與困難就不復存在了。

愈是自覺到自己是佛子，就愈是要磨練那「不管遇到什麼事，都要奮起」的不退轉之心境。

二、鑽石原石

以上所論述的「佛子的自覺」，若是換一個角度來說，則能以「鑽石原石」來形容。

到底要把自己當作是一文不值的石頭來看待？還是要把自己當作是尚未研磨加工的鑽石原石看待？這是有著天壤之別的。若是認為自己是尚未加工的鑽石原石，那麼愈是磨練自己就愈是發光，並且其光芒還會為自己增添勇氣。

然而，人一不小心就易陷於自我憐憫之中，很容易就以為自己沒有用，一無是處。其中，有些人好像生來是為了證明自己是無用的。舉凡失戀、工作失敗、生病等，一遇到事情，便認為「到頭來，自己還是一無是處」，而有些人則好像是為了確認自己到底有多麼不行，才轉生於世間的。

然而，那是不對的。這樣的人，忽略了自己其實是塊尚未加工的鑽石原石。即便自己看起來是多麼的不中用，但那並非是指自己和他人比較起來有多拙劣，而是「他人與自己的研磨方法不同」而已，千萬不可忘記這個觀點。

愈是研磨，人就愈會發光。只不過從其光的強弱來看，有的看起來像是「寶石」，有的看起來像是「石頭」而已。

如果總是以為自己沒用，那麼即便被他人覺得一無是處，那也無話可說。就算是覺得自己沒用，但也要想想如何改變這個現象，這是很重要的。若無法克服這一點，人生就不可能有進步了。

那麼，如何讓一個自責型的人，發現自己不是石頭，而是一顆鑽石原石呢？

自責型的人有兩種類型。

一類是拘泥於某件事，若是此事失敗，便否定自己的一切。這是一種抱持著負面思想的人。

另一類是過度自信，當這種自信因某種契機而喪失時，便一落千丈，成了一個完完全全自我否定的人。

然而，抱持自我否定的思想，抱持不是全贏就是全輸的思想，並不是一件好事。「儘管自己有不好的地方，但並非一無是處，必定也有好的地方。」不可忘記這樣的思考模式。

即便有人對自己講過一些否定的話，但是肯定也有人稱讚過自己，這是不可否定的事實。世界上從未受過稱讚的人，恐怕是極少見的吧！

即使是該從世間消失的人、總是做一些見不得人之事的人，一定也有值得肯定的地方。因此，即便是對這樣的人，我們也能夠想出一些誇獎的話。

既然如此，難道自己沒有辦法找出自己任何的優點嗎？請試著從第三者的角度，好好地找找自己到底有沒有閃爍的一面、有沒有美好的一面？

遭受挫折時，容易產生一切全都完了的錯覺，可實際上並非如此。藉由挫折，或許可以發掘出自己美好的一面，或者，可藉此掀開自己活在偽善的人生、只顧著他人目光的虛假偽裝。也就是說，這之中不是還留存著一個希望嗎？

不可因為在世間遭受挫折、遭受失敗，就全盤否定自己的價值。自己的優點還原封未動地保留著呢！

如果不用這種公平的角度來看待自己，那就無法發現存於己心當中的鑽石原石。

然而，還有另一種人老是覺得自己很傑出，讓他人無法親近。「我是傑出的，天下一流。我不記得我有受過他人的指責，若是有人無法接納我，那是那個人的不對。」若有人這麼想，問題就大了。

這樣的人是無法住在天國的。天國是和諧的人們聚集之地，一個他人無法接近的人，認為「和我處不來的人就是敵人」的人，是絕對不能住在天國的。不應該這樣，自己以及他人都必須考慮生活的道路。至少，一個無意改變自己、修正自身的人，很難說他是一塊正在研磨、未加工的鑽石。

儘管有人說：「鑽石就是鑽石，即使沾有泥土，鑽石還是鑽石。」但是肯定沒有人是戴著沾有泥土的鑽戒出門，一定是擦得乾乾淨淨才出門的。

與此相同，對於自己這一顆鑽石原石的心，也必須要好好地研磨才行。

「竟然穿著這樣的服裝來參加晚會！」人們對於衣裝常多有批評，但為何對於「心裝」、「心的衣著」，卻毫不在乎呢？

若是心的衣著污穢不堪，能夠就這樣站在覺悟者的面前嗎？若如此站在覺悟者的眼前，心的污垢便一目瞭然。

我想要說的就是，必須要給心化個妝。

即便是英國製的美麗衣裳，若不送到洗衣店洗，就會愈穿愈髒。既然衣服要送到洗衣店去洗，為什麼心卻洗都不洗，就這樣髒兮兮地穿著呢？對此，請各位想一想。心還是必須要保持乾淨、美麗的。

此外，正是因為每天洗餐具，所以吃飯才能吃得出美味，若是用沒有洗過的髒碗，吃起飯來會好吃嗎？

就算是用舊了就要丟棄的餐具也都是每天要洗滌，那為什麼就不能洗洗心呢？就連餐具都每天刷洗了，自己的心不也應該要每天清洗嗎？

覺得這樣做很麻煩的人，是很奇怪的。為什麼用如此不知羞恥之心和人接觸，還能夠理直氣壯地發表自己的意見呢？

如此之人必須要對此進行深刻的反省。

三、斬斷迷妄

在本節當中，我想要談談如何才能斬斷迷妄。

首先，針對「迷妄」進行探究。迷即是「迷惘」，妄即是「妄念」。換言之，那是一種心有千千結，陷入迷途的狀態。事情紊亂混雜，理不出頭緒，感覺自己像是掉入了陷阱一般，這種狀態就是「陷於迷妄之中」。

此時，要緊的是如何殺出一條血路，找到突破口。

這個時候重要的是試著想一想，「自己是不是否定了自己的可能性？自己是否束縛了自己？」在自認為理所當然的事情中，是不是也有錯誤的地方？

譬如，職業的不安。一個從事專門職業的人，害怕於「若是自己沒有做眼前的工作，或許就沒有辦法生活下去了」，但此時有必要想一想「為什麼認為自己只能做這個工作呢？」

自己難道真的不能做別的工作嗎？應該試著思索「為何自己缺乏不管幹什麼都能活下去的自信呢？難道自己就是這麼一個不爭氣的人嗎？」

在男性當中，有些人會把沒能從事理想的職業，怪罪給妻小，說什麼：「就是為了你們，我才十年如一日，每天幹著這種沒趣的工作，而且還要做到退休為止。要是沒有你們，我就可以自由地做各種事情了，就是因為你們，我才沒法這樣的。」

這無疑是把罪惡感強加給妻子和孩子。明明是自己的問題，因為自己沒有自信，所以才會講出那樣的話。

此外，還有關於健康的煩惱與迷惘。那是一種「是不是要得病了，是否要發生事故了」的不安。這在現代社會中，是一種廣泛蔓延的病態思想。

現今，醫療保險、健康保險彷彿已變成了一種理所當然的事。如果是從社會福利的觀點來看，那還沒有什麼問題，但如果是以那種「人會生病是理所當然」的想法當做前提，那麼其中就存在著非常大的錯誤。

人是可以不生什麼病而終了一生的。各位必須要知道，有很多人是因為自己覺得自己有病，所以才生病的。「生病時，上醫院就行了」、「只要吃了藥，就可安心」，如此想法對於虛弱之人來說或許沒有關係，但有時必須要試著擺脫對藥物的依賴。

人本來是天生健康的，肉體是不會有那麼多病的。若對此能持有強烈的信念，肉體就會自然強健起來。

譬如，若是非常信賴腸胃器官，它就會變得非常強健，但若是半信半疑，老是服用腸胃藥，它就會逐漸衰弱下去。

因此，當對健康產生不安時，就必須要去尋找自己內在佛子的部分，人的身體本來就不是那麼弱不禁風。

若是沒有醫生或藥品的狀態，大部分的疾病都會因自癒能力而治癒的。醫生其實知道，疾病的痊癒，主要出自於患者自身的力量。藥品或醫療之類，只是一種輔助的作用。

外科手術也是如此。在人的身體上動刀，人若沒有自癒能力，傷口將無法癒合。傷口之所以能夠癒合，是因為人具備自癒能力。

除此之外，還有對於金錢、經濟上的不安。這是一種對於「錢是否再也進不來了呢」、「收入是不是無法增加了呢」之類的擔心。

之所以會出現如此的不安，其理由之一，即是對自己的能力沒有信心。

然而，世間當中能創造財富的工作不勝枚舉，什麼樣的工作能創造財富呢？總而言之，即是被社會大量需要的工作。若是從事人們需要的工作，一定會與財富有緣，若是從事了人們不需要的工作，自然與財富無緣。

時代必定在尋求些什麼，人們也肯定在盼望些什麼，關鍵是如何敏銳地察覺這個「什麼」。透過提供人們所需要的東西，會使人們和自己都富裕起來。

書籍的出版也是如此，如果出版了人們想讀的東西，一定會成為暢銷書。這些書不僅會成為許多人心中的食糧，而且也會讓寫書的人富足。

工作也是同理。緊緊盯住「眾人的需要在哪裡？人們在追求著什麼？」藉此而開發的工作，必定會很吃香。

唱歌也是這樣。唱出人們想聽的歌曲，肯定會暢銷。人們不想聽的歌曲，播再多遍，人們也是不想聽的。

因此，重要的是去發現、嗅出「什麼是必要的東西？人們在尋求些什麼？」只要掌握到這一點，前方之路一定會被打開。

為金錢而煩惱的人，必須經常思考「到底人們想要的是什麼？在自己能夠做的事情當中，能夠為人們貢獻的是什麼？」若能對此進行思索，經濟問題將很容易解決。

就像這樣，現代當中存在著對職業的不安、疾病的不安和金錢的不安等等。

除此之外，還有人際關係的糾葛，這是經常會發生的事。在許多的人際關係中，不管是公司或家庭都會出現這種糾葛。有時因為新來了某個人，會使人生走向幸福或是不幸福。

因此就必須想一想，如何才能切斷那人際關係中的糾葛。愈是親近的人，就愈是需要努力將人際關係經營好。

換言之，不能僅是依自己的好惡來看待他人，而是必須經常思考：「要如何才能創造更美好的人際關係呢？」

比方說，婆媳之間若能相互尋找對方的優點，並加以讚美的話，是絕對不會發生婆媳問題的。

媳婦若是發現了婆婆的優點，就應讚不絕口；婆婆若是發現了媳婦的優點，也要大力表揚。如此一來，便會建立起互相關愛、互相尊敬的關係。

如果互相開始猜疑對方是否想害自己，就會形成與上述相反的關係。當婆婆開始嘮叨「自從媳婦進了門，兒子就變了一個人，真是來了一個壞媳婦！」媳婦將會敏感地察覺到，因而討厭起婆婆來，開始敬而遠之。

然而，若是聽到婆婆說「真是娶了一個好媳婦」時，媳婦則會高興起來，對婆婆也會產生親切感。

總而言之，「眼前之人的心是一面鏡子」。為了切斷人際關係的糾葛，只要想一想「映射於己心鏡子上對方的樣子，其實就是自己的樣子」就可以了。

在解決人際關係的問題時，「由自己先開始來給予對方」、「給對方好的評價、誇獎對方、幫助對方發揮優點」抱持如此之心境是很重要的。這樣一來，對方有時亦會給予回報。

為了切斷人際關係的糾葛，必須抱持著無窮盡的善念去解決問題。

對於這點，下一節將詳細說明。

四、無窮盡的善念

在公司等等的團體當中，上司關懷、關照屬下，有時卻會發生恩將仇報的事。這麼一來，上司便會覺得「我這麼關心他，他卻這樣詆毀我，真是不能原諒」、「以前給他那麼多的褒獎，如今卻說那種話」等等。

這樣的事情，世間當中很常見，也就是所謂的忘恩負義。「自己如此竭盡全力地去做，對方卻沒有一點回報。」對此感到憤憤不平的人，社會上比比皆是。

親子之間也是一樣。即便父母親認為「全心全意地對孩子付出了關愛之心」，但終究孩子會離巢而去，不會有任何的回報。因此，父母會有一種「被孩子遺棄」的感覺。

在學習某些特殊技藝的地方，有些人拜師學藝之後，經過了幾年的修行，自立門戶，成為了師傅的競爭對手，這是常聽到的事。此外，在公司當中，老闆精心栽培的人，最後另外開一家公司，成為了商場上的敵人，這也是常有的事。

這種時候，人們總是會想：「被背叛了！竟然上了那個傢伙的當！」

為什麼會產生這樣的感受呢？那是因為有一種「對等交換」的想法在作祟。人們在無意當中，抱持著「自己給對方這麼多，對方應該會給自己回報」的期待，或者是「自己誇獎過的人，應該會支持自己」的想法。

因此，必須懷抱一種純粹給予的心，亦即「施予他人好意時，不求回報。一種單純的給予，並且要忘記自己給予的這件事」。

「對於自己給予了對方多少念念不忘，對方給予自己的，卻忘得一乾二淨！」這就是人生不幸的開始；「我為對方做了這麼多的事，對方卻什麼都沒回報！」如此想法就是不幸的開端。

「我為他做了那麼多事、那麼愛他、那麼努力為他，他卻沒有回報，一點都不感恩！」通常人們都會這麼想，但是從這種「我為了對方付出那麼多」的想法，可以看出此人的人格尚有不成熟的部分。給予他人的時候，持有「免費」給予的心情是很重要的。

特別是感受上的問題尤其如此。對他人的和藹、用心等等，這類對他人的施愛，請視為「單向通車」。若是那股愛返回到自己身上，就請當成是「賺到了」。不應該想要獲取回報，無論如何都要純粹地施予，並且盡快忘掉。但是，從他人身上得到的，一刻都不忘記並應該加以感謝。

世間當中忘恩負義的事，實在多不勝數。不要忘記，在那忘恩負義的人當中有時也包含著自己。

即使自以為是憑藉自己的力量而開闢的道路，但在那個過程當中，必定受過許多人的恩惠。只不過是自己忘了那恩惠，忘了父母、老師、朋友、公司上司或同事等等所給予的溫暖之愛。

然後，大言不慚說「別人沒有為我做過任何事」、「我為人做了那麼多，卻被反咬一口」。

「愈是記得自己給過他人多少的人，就愈會忘記自己曾得過他人多少幫助。」這是個事實。

重要的是：「當對他人付出時，應該是純粹地給予，並立即將之忘得一乾二淨。

反之，將得到了多少長記不忘，並加以感謝。」這是基本的思考模式。若懷著這種想法，這個社會就會往好的方向發展。

那種對等交換的思考邏輯，其問題點就在於欠缺「無窮盡的善念」。

「我誇獎過他，但他卻說我的壞話」、「我那麼提攜他，他卻不把我放在眼裡。」真是豈有此理」之類的情緒，就是善念不足的表現。那種情緒當中，其實存在著自以為「為他做了那麼多，他必定應該會回報我」的想法。

這代表著自己的幸福感，微小到容易被他人的評價給左右，也說明了此人唯有在得到他人的善意、幸福時，才會感覺到善意或幸福。

然而，若是自己能充滿更多的善意、更多的幸福，如此幸福感必定能夠沖走一切的。

為什麼不能夠釋放出無限的善意、無限的幸福呢？為什麼不能湧出像泉水一般無限的能量呢？

看看那大自然吧！泉水可不就是嘩啦嘩啦地向外湧嗎？山裡面到處都有泉水，然而泉水曾向人收取過任何一分錢嗎？

沙漠當中有綠洲，綠洲曾向人們收過一分錢嗎？綠洲可不就是提供了無盡的水源，幫助旅人解渴嗎？

或者是，當你購買豬肉或牛肉時，儘管付出了某些代價，但牛和豬又得到了什麼代價呢？牠們捨棄了自己的性命，得到了多少代價呢？這一點，人們有想過嗎？

此外，高高懸掛在天空的太陽，有提過「希望得到人們的回報嗎？」太陽曾說過想要收取一分錢嗎？雖然電力公司不會免費提供電力，太陽卻免費提供人們熱量和能源。

期待人們都要像太陽一樣，或許是無理的要求，然而必須知道，這樣的事情在自然界裡還有許多，這裡面也存在著佛心。

各位必須要找出自己不在乎對方忘恩負義的方法，此時，必須要想到「自己還有對等交換的想法，還有那依靠對方的評價，來確認自己幸福與否的小心眼和卑怯之心」。

抱持著那如湧泉一般無窮盡的善念去滋潤人心，懷著寬宏大度的心態是很重要的。

當你因他人的言語而受到傷害，或想到「對方怎麼沒有回報」，又或者是「對方怎麼沒有感謝」之時，此時請浮現出「無窮盡的善念」這句話。然後，試著想一想

「自己是不是缺乏純粹的給予之心呢？」

與其自己有可能會因為得不到回報而感到悔恨，還不如一開始就不要給，不要去誇獎人，或是去想「讓某人獲得幸福」，就活在自己的框框裡就好了。

既然想要「讓別人獲得幸福，讓別人過得更好」，就必須要存有純粹給予之心，希望各位能體會到這種「不求回報」的重要。

五、不動心

我從各個角度論述了「不動心」。

最終，能否抱持不動心，取決於「今生，你想要留下什麼樣的事業？」

所謂事業，在此指的不是公司的事業，其實一個人的生活態度、人生才是事業。不管是小孩，還是大人，不管是男性，還是女性，度過這一生，這本身就是一大事業。

為了能成就這一大事業，需要抱持著不動心，不管發生什麼，都不動搖的心。那並非是偏執之心，亦非頑固之心，而是一股「不管遇到任何事情，也要完成自己的事業」的決心。這種決心愈是純粹，就愈能說此人抱持著接近天國的人生態度。

所謂的不動心，並非是指那種一意孤行的頑固，我並非是要各位以那種頑固之心為人類貢獻。

從根本上來說，不動心中必須要有「對佛的愛」，必須要有愛佛之心，並且要有著「自己是與創造大宇宙的佛為一體」之心。

各位必須明白：「與統治大宇宙的法則、能量同為一體的自己，和作為大宇宙能量中的一部分的自己，這樣的自己、這樣的生命，現今擁有的個性，正在世間進行著靈魂的修行。」

各位是佛的一部分，只不過現在被稱為A先生或B小姐罷了。

因此，各位必須要去實現作為佛之個性中的一部分的自己。

此時重要的是要下定決心：「不管遇到怎麼樣的阻礙，都要在世間實現佛的理想。」撰寫下名著的人們，或者被稱作人生之師的人們，都有著異於凡人的地方。差異在哪裡呢？就是這個部分。

不動心——那是身為佛的一部分的不動心，是代替佛在世間，照耀世間的明亮之心，同時也是想要讓世間變得更美好的純粹之心。

這種心愈是深切、愈是高遠，人就愈能提升到更高的境界。

所謂的不動心，歸根究柢，就是為了能夠在世間順利開展佛的神聖事業、與佛心一致的事業時，所不可或缺的秤砣與能量。

在暴風雨的夜晚成為那萬斤重錨的，在藍天白雲下成為那主帆之桅杆的，就是不動心。

我希望各位不要因為人生的小小風浪，或些許苦惱就搖搖欲墜，而是應該挺直腰桿，一股勁地堅持實現從內心深處湧現出的目標與理想。

為此，我寫下了本書。希望各位能反覆再反覆地仔細品味，並將此做為內心的食糧。

後記

我已經寫下了《太陽之法》、《黃金之法》和《永遠之法》等佛法真理的系列書籍，我內心對於普及佛法真理的熱情，其熱度和光度正不斷地升溫、加強。

本書雖然是以「不動心」這單一主題來論述的理論書，但我認為從這個嶄新的切入點，所噴發出的佛法真理，必定能成為答覆眾人煩惱的具體答案。

我衷心盼望蘊藏於最後一章「不動心」中強而有力的「言魂」，能夠為讀者的人生船桅吹來一陣強風，進而成為度過苦惱大海的推進力量。

一九九九年六月

幸福科學集團創立者兼總裁　大川隆法

HAPPY SCIENCE

幸福科學集團介紹

幸福科學透過宗教、教育、政治、出版等活動，以實現地球烏托邦為目標。

幸福科學

一九八六年立宗。信仰的對象為地球靈團至高神「愛爾康大靈」。幸福科學信徒廣布於全世界一百多個國家，為實現「拯救全人類」之尊貴使命，實踐著「愛」、「覺悟」、「建設烏托邦」之教義，奮力傳道。

愛

幸福科學所稱之「愛」是指「施愛」。這與佛教的慈悲、佈施的精神相同。信眾透過傳遞佛法真理，為了讓更多的人們能度過幸福人生，努力推動著各種傳道活動。

覺悟

所謂「覺悟」，即是知道自己是佛子。藉由學習佛法真理、精神統一、磨練己心，在獲得智慧解決煩惱的同時，以達到天使、菩薩的境界為目標，齊備能拯救更多人們的力量。

建設烏托邦

我們人類帶著於世間建設理想世界之尊貴使命，而轉生於世間。為了止惡揚善，信眾積極參與著各種弘法活動。

入會介紹

在幸福科學當中，以大川隆法總裁所述說之佛法真理為基礎，學習並實踐著「如何才能變得幸福、如何才能讓他人幸福」。

入會

想試著學習佛法真理的朋友

若是相信並想要學習大川隆法總裁的教義之人，皆可成為幸福科學的會員。入會者可領受《入會版「正心法語」》。

三皈依誓願

想要加深信仰的朋友

想要做為佛弟子加深信仰之人，可在幸福科學各地支部接受皈依佛、法、僧三寶之「三皈依誓願儀式」。三皈依誓願者可領受《佛說・正心法語》、《祈願文①》、《祈願文②》、《向愛爾康大靈的祈禱》。

幸福科學於各地支部、據點每週皆舉行各種法話學習會、佛法真理講座、經典讀書會等活動，歡迎各地朋友前來參加，亦歡迎前來心靈諮詢。

台北支部精舍
台北市松山區敦化北路 155 巷 89 號

幸福科學台灣代表處
台北市松山區敦化北路 155 巷 89 號
02-2719-9377
taiwan@happy-science.org
FB：幸福科學台灣

幸福科學馬來西亞代表處
No 22A, Block 2, Jalil Link Jalan Jalil Jaya 2,
Bukit Jalil 57000, Kuala Lumpur, Malaysia
+60-3-8998-7877
malaysia@happy-science.org
FB：Happy Science Malaysia

幸福科學新加坡代表處
477 Sims Avenue, #01-01, Singapore 387549
+65-6837-0777
singapore@happy-science.org
FB：Happy Science Singapore

不動心

跨越人生苦難的方法

不動心 人生の苦難を乗り越える法

作　者／大川隆法
翻　譯／幸福科學經典翻譯小組
主　編／簡孟羽、洪季楨
封面設計／Lee
內文設計／Lee

出版發行／台灣幸福科學出版有限公司
地址／104-029台北市中山區中山北路三段49號7樓之4
電話／02-2586-3390 傳真／02-2595-4250
客服信箱／info@irhpress.tw
法律顧問／第一法律事務所　余淑杏律師

總 經 銷／旭昇圖書有限公司
地址／235-026新北市中和區中山路二段352號2樓
電話／02-2245-1480 傳真／02-2245-1479

幸福科學華語圈各國聯絡處／
台　灣　taiwan@happy-science.org
地址：台北市松山區敦化北路155巷89號（台灣代表處）
電話：02-2719-9377
官網：http://www.happysciencetw.org/zh-han
香　港　hongkong@happy-science.org
新 加 坡 singapore@happy-science.org
馬來西亞 malaysia@happy-science.org

書　號／978-986-99342-2-0
初　版／2020年9月
定　價／新台幣360元

國家圖書館出版品預行編目(CIP)資料

不動心：跨越人生苦難的方法／大川隆法作；
幸福科學經典翻譯小組翻譯. -- 初版. -- 臺北市：
台灣幸福科學出版, 2020.08
208面；14.8×21公分
譯自：不動心：人生の苦難を乗り越える法
ISBN 978-986-99342-2-0(精裝)

1.新興宗教 2.靈修

226.8　　109011353

廣 告 回 信
台北郵局登記證
台北廣字第5433號
平 信

IRH Press Taiwan Co., Ltd.

台灣幸福科學出版有限公司

104-029 台北市中山區中山北路三段49號7樓之4

台灣幸福科學出版　編輯部　收

請沿此線撕下對折後寄回或傳真，謝謝您寶貴的意見！

Ryuho Okawa

大川隆法

不動心

跨越人生苦難的方法

台灣幸福科學出版有限公司

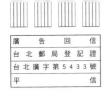

不動心

讀者專用回函

非常感謝您購買《不動心》一書，
敬請回答下列問題，我們將不定期舉辦抽獎，
中獎者將致贈本公司出版的書籍刊物等禮物！

讀者個人資料　　※本個資僅供公司內部讀者資料建檔使用，敬請放心。

1. 姓名：　　　　性別：□男　□女
2. 出生年月日：西元　　　年　　　月　　　日
3. 聯絡電話：
4. 電子信箱：
5. 通訊地址：□□□-□□
6. 學歷：□國小 □國中 □高中／職 □五專 □二／四技 □大學 □研究所 □其他
7. 職業：□學生 □軍 □公 □教 □工 □商 □自由業□資訊 □服務 □傳播 □出版 □金融 □其他
8. 您所購書的地點及店名：
9. 是否願意收到新書資訊：□願意　□不願意

購書資訊：

1. 您從何處得知本書的訊息：（可複選）□網路書店　□逛書局時看到新書　□雜誌介紹
   □廣告宣傳　□親友推薦　□幸福科學的其他出版品　□其他

2. 購買本書的原因：（可複選）□喜歡本書的主題　□喜歡封面及簡介　□廣告宣傳
   □親友推薦　□是作者的忠實讀者　□其他

3. 本書售價：□很貴　□合理　□便宜　□其他

4. 本書內容：□豐富　□普通　□還需加強　□其他

5. 對本書的建議及觀後感

6. 您對本公司的期望、建議…等等，都請寫下來。

IRH Press Taiwan Co., Ltd.
台灣幸福科學出版有限公司